The Biblical Storytelling • 사무엘상 3

홀로 서는 사람

The Biblical Storytelling • 사무엘상 3

홀로 서는 사람

2007년 3월 10일 초판 1쇄 인쇄
2007년 3월 20일 초판 1쇄 발행

저　자 • 조 관 호
발행인 • 조 경 혜
발행처 • 도서출판 그리심
156-763 서울시 동작구 사당동 200-1

등록번호 • 제 7-258호(1998. 4. 23)
출 판 사 • 전화 523-7589 팩스 523-7590
홈페이지 • http://grisim.biz
전자우편 • grisimcho@hanmail.net

값 : 표지 뒷면

ISBN 978-89-5799-174-9 93230

홀로 서는 사람

그리심

「사무엘상 이야기」는

마지막 사사라고 하는 사무엘의 출생을 시작으로
이스라엘의 초대 임금 사울의 이야기,
그리고 사울 왕 아래서
혹독한 훈련(?) 받는 다윗의 이야기로 진행됩니다.

첫 번째 이야기는
신앙적, 정치적, 외교적으로 혼란 중에서도
여전히 하나님 나라의 맥을 이어가는 사람들이 있음을
그려보았습니다.
그들은 사람들에게 전혀 주목 받지 못하는 외떨어진
환경 속에 사는 사람들이었습니다.
그러나 하나님에게는 보석 같이 존귀한 사람들이었답니다.
시골 제사장 엘가나…
아픔 있는 여인 한나…
짓밟히던 사무엘…
예수께서 그러셨던가요?
복 있는 사람은 마음이 가난한 사람이라고…
그런 사람이 하나님 나라의 맥을 이어가는 보석들이랍니다.
그분들의 세계로 여러분을 안내합니다.

사무엘상 3

contents

비블리컬 스토리텔링에 대해 • 10

서문 • 14

아홉 번째 이야기(삼상 22-23장)

9 아무도 믿지 말라!

1. 축축한 동굴 속에서 (22:1-2) • 21
2. 하나님의 지시하심 (22:3-5) • 29
3. 오직 한 일 다윗 미워하기 (22:6-10) • 31
4. 제사장을 죽인 왕 (22:11-19) • 36
5. 다윗의 고통 (22:20-23) • 46
6. 하나님의 뜻을 찾는 사람 (23:1-5) • 49
7. 너의 도움을 받은 사람이라도 의지하지 말라 (23:6-14) • 54
8. 뜻밖의 사람 (23:15-18) • 60
9. 까닭 없이 아픔을 주는 사람들 (23:19-23) • 63
10. 사울의 추격과 하나님의 개입 (23:24-29) • 68

사무엘상 3

contents

10 열 번째 이야기(삼상 24–26장)

거목이 되기 위하여

1. 엔게디 굴 사건 (24:1–7) • 75
2. 주여, 어떻게 여기까지 이르렀습니까? (24:8–15) • 85
3. 움직이는 사울 왕의 마음 (24:16–22) • 90
4. 영적 거장(巨匠)이 사라지다 (25:1) • 94
5. 생존을 위한 선한 행위 (25:2–8) • 98
6. 모욕당한 친절 (25:9–13) • 101
7. 평가 (25:14–17) • 107
8. 지혜로운 행동의 아비가일 (25:18–31) • 110
9. 회복되는 다윗의 영성 (25:32–35) • 118
10. 하나님의 일 처리 (25:36–38) • 121
11. 다윗의 품에 안긴 아비가일 (25:39–42) • 125
12. 잠시 누리는 풍부와 재미 속에서 (25:43–44) • 134
13. 십 사람들의 고민 (26:1–5) • 136
14. 살짝 다녀온 다윗과 아비새 (26:6–12) • 140
15. 마지막 대화들 (26:13–25) • 145

11 열한 번째 이야기(삼상 27-28장)

정신 나간 사람들

1. 믿음이 아닌 걱정을 따른 망명 (27:1-4) • 157
2. 더 좋아지는 생활들? (27:5-7) • 163
3. 하나님을 무시한 하나님 섬김(?) (27:8-12) • 171
4. 블레셋의 이스라엘 침공계획(?) (27:8-12) • 175
5. 블레셋 침공 소식을 들은 사울 왕 (28:3-7) • 179
6. 추태부리는 임금님 (28:8-14) • 187
7. 귀신 장난 (28:15-19) • 193
8. 마지막 받는 대접 (28:20-25) • 196

12 열두 번째 이야기(삼상 29-31장)

제자리로 돌아오다

1. 의심받고 있던 다윗 (29:1-5) • 201
2. 깨어진 계획 (29:6-11) • 207

사무엘상 3

contents

3. 초토화된 터전에서 (30:1-6) • 211

4. 회복된 영성과 하나님의 일하심 (30:7-10) • 219

5. 발견된 노략꾼들 (30:11-15) • 225

6. 발견, 회복 (30:16-20) • 236

7. 새로운 규례 (30:21-25) • 240

8. 탈취물을 여러 곳에 보내는 다윗 (30:26-30) • 246

9. 무너진 사울 왕가 (31:1-6) • 248

10. 은혜를 기억하는 사람들 (31:7-13) • 254

에필로그1 • 260

에필로그1 • 270

홀로 서는 사람

사무엘상 1 하나님 나라의 맥을 이어가는 사람들

첫 번째 이야기 • 비교되는 두 집안
두 번째 이야기 • 스스로 움직이는 언약궤
세 번째 이야기 • 시대의 어른, 사무엘

사무엘상 2 훈련 받은 사람 다윗

네 번째 이야기 • 훈련 없이 왕이 된 사람
다섯 번째 이야기 • 신나는 훈련소
여섯 번째 이야기 • 무차별 받는 훈련
일곱 번째 이야기 • 숨쉴 틈
여덟 번째 이야기 • 설 땅이 없는 훈련

사무엘상 3 홀로 서는 사람

아홉 번째 이야기 • 아무도 믿지 말라!
열 번째 이야기 • 거목이 되기 위하여
열한 번째 이야기 • 정신 나간 사람들
열두 번째 이야기 • 제자리로 돌아오다

비블리컬 스토리텔링

(The Biblical Storytelling)에 대해...

비블리컬 스토리텔링(The Biblical Storytelling)이란 성경을 이야기한다는 말입니다. 성경은 한 문구나 한 단어를 선택해서 의미를 전달할 수 있는 책이 아닙니다. 그 문구가 그리고 그 단어가 실리게 된 세미한 배경이 있는 겁니다. 만일 그 배경을 무시하고 성경의 한 구절을 설명한다면 어처구니없는 말 내지는 결과를 가져오게 됩니다. 좋은 교훈을 만들어 내는 것도 중요하지만 바르고 정확한 과정을 통한 결과를 얻어야 바른 교훈이 되는 거랍니다.

설교를 할 때나 성경을 공부할 때 혹은 큐티를 할 때 한 구절과 단어를 붙잡고 자기 나름대로의 해석 내지는 좋은 말을 만들면 너무 위험하다는 거지요.

성경은 쉬운 책이 아닙니다. 수천 년의 이야기가 기록되어 있고 그것도 짜임새 있어 알기 쉽게 정돈해 놓은 책도 아닙니다. 게다가 똑똑한 사람이 줄거리를 이해한다고 해서 되는 책이 아닙니다. 성경은 무척이나 어렵고 게다가 영적인 의미를 간파해야 하며 우리의 삶에 연결이 되어야 하기에 만만하게 볼 책이 아니라는 것입니다.

저자 자신도 모태로부터 신앙생활을 해 오면서 성경을 가까이 두고 생활해 왔지만 결국은 항상 반복되는 몇 인물 내지는 몇 사건만을 가지고 교회를 다닌 사람이었습니다. 그러다가 하나님의 은혜로 성경을 제대로 공부하고 연구해 보니 참 어려운 책임을 발견했습니다. 그러나 성경 연구는 어려운 성경을 이해했다는 것으로 끝나지 않습니다. 하나님의 은혜 가운데 하나님의 뜻을 발견하게 되고 하나님의 마음을 조금 알게 되었다는 것입니다.

비블리컬 스토리텔링(The Biblical Storytelling)은 제가 켄터키에 있는 남침례교신학교(The Southern Baptist Theological Seminary)에서 연구한 논문을 현장에서 적용한 것을 글로 옮긴 것입니다.

비블리컬 스토리텔링(The Biblical Storytelling)은 우선적으로, 상식적인 이야기이지만, 성경 본문에 대한 흐름을 연구해야 합니다. 두 번째는 본문의 상황, 역사적인 배경을 공부하는 것 또한 빼놓을 수 없습니다. 이러한 작업을 위해서는 주석가들의 절대적인 도움이 필요합니다. 세 번째는 교육학적인 접근 혹은 철학적인 배경을 연구해야 합니다. 그러나 이러한 연구만을 나열해 놓는 것이 목적은 아닙니다. 가장 중요한 것은 성경 속 인물들의 심리적 움직임에 대한 다방면의 접근을 시도하는 것이지요. 이 부분이 무척이나 매력이 있습니다. 정확한 신학적 테두리 안에서 본문의 인물이 갈등하고 느끼는 가능한 심리적 상상은 성경을 무척이나 흥미롭게 만들기 때문입니다. 게다가 성경을 읽는 독자로 하여금 자신이 그 주인공이 되는 경험을 하게 되는 것이지요. 또한 목회자나 독자로 하여금 성경에 대한 학문과의 관계를 무척이나 친숙하게 만들 것입니다. 특히 성경 주석의 필요성과 신학자들에 대한 고마움 내지는 친밀감을 가지게 될 것입니다. 게다가 혼탁하고 예측할 수 없는 사회 심장부에 대한 관심도 갖게 될 것입니다. 무엇보다도 나 자신은 물론 사람의 마음이 어떤지가 발견되면서 하나님 앞에 모두 고개를 숙이게 되는 경험을 하게 된답니다. 그러면서도 그런 나를, 사람을 미치도록 사랑하시는 하나님의 마음을 조금 알게 된답니다.

비블리컬 스토리텔링(The Biblical Storytelling)은 누구나가 할 수 있습니다. 그러나 성경이 하나님의 (살아있는) 말씀이라고 진심으로 인정하는 사람만이 할 수 있습니다. 그러나 '인정' 하는 것만으로는 안 됩니다. 시간을 투자해야 합니다. 적은 시간이 아닙니다. 필자는 20여년 가까이 거의 매일 4시간씩 이 일에 몰두해왔습니다. 지금도 그렇게 하고 있습니다. 그렇다고 끝이 있는 것도 아닙니다. 늘 새롭고 (주님이 말씀하신 것처럼 샘솟는 게 말씀입니다) 신비한 경험을 하곤 한답니다.

이 책은 필자가 섬기는 교회에서 하고 있는 비블리컬 스토리텔링 바이블 스터디(The Biblical Storytelling Bible Study)에서 진행되는 것을 글로 옮긴 것입니다.

서 문

희망이란 것이 전혀 보이질 않았습니다. 영웅 삼손이 죽은 후로 블레셋이란 나라에 짓밟혀 살아야 했으니까요. 블레셋의 횡포가 있어도 그대로 받아들여야만 했습니다. 대들다간 더 힘들어질 게 뻔하거든요. 신앙생활도 엉망이었습니다. 온 백성이 먹고 사는 것도 어려운데 신앙생활에 누가 신경이나 썼겠습니까. 대충하는 거였습니다. 제사장들도 개판이었습니다. 제사든 뭐든 간에, 기도든 뭐든 간에 하나님의 응답은커녕 진짜 하나님이 있는지가 의심스러울 정도였습니다. 단지 제사장이란 직업을 버리면 먹고 살기 어려우니까 사명에 대한 확신이 없으면서도 큰 소리로 협박하면서 제사를 강요하곤 했습니다. 그래야 겁먹고(?) 제사용 고기라도 가지고 오면 그거라도 먹고 살 수 있었으니까요.

삶은 엉망이었습니다. 몸과 마음은 피곤했고 미래는 도무지 보이질 않습니다. 이런 세상에선 막 사는 게 지혜롭게(?) 보이는 겁니다. 모든 사람과 더불어 제사장들까지도 그랬으니까요.

그러나 그럼에도 불구하고 아주 소수의 사람들은 그렇게 살지 않았답니다. 흔들리지 않았답니다. 희망을 잃지도 않았답니다. 에브라임 촌구석에 엘가나라는 사람의 아내, 아이를 낳지 못한다는 이유로 왕따 당한 '한나' 라는 여인이 있었습니다. 그녀는 매일 무시당하면서 살았습니다만 희망을 잃지 않았습니다. 당시에는 형식적 신앙생활이 만연한 분위기인데도 그녀는 하나님을 신뢰하였습니다. 하나님 나라의 맥을 이어가는 주인공이었답니다.

성전에서 천대 받는 사무엘이 그런 사람이었습니다. 말이 하나님께 드려진 아이였지 그의 어린 시절은 엘리 제사장에게는 물론이고 엘리 제사장의 아들들인 홉니와 비느하스 제사장들에게도 천덕꾸러기요 노예와 같은 아이였던 것입니다. 그러나 사무엘은 자세가 전혀 흐트러지지 않았습니다. 그 아이의 눈은 하늘을 향해 있었답니다. 하나님 나라의 맥을 이어갈 숨겨진 사람이었답니다.

사람들은 아쉬울 때 하나님을 찾는답니다. 그리고 하나님이 자신들의 뜻을 들어주는 분으로 알고 있는 것 같습니다. 단적으로 블레셋과의 전쟁에서 언약궤를 가지고 나가 이기게 해달라는 걸 보면 그렇습니다. 그들의 신분이 제사장이었다지요. 하나님은 그런 놀음에 말려드는 분이 아니셨습니다. 하나님은 당신 스스로 활동하시기에도 충분하신 분이십니다. 종교인이라는 신분이 하나님 나라의 맥을 이어가는 증표가 아닙니다.

이스라엘 백성들은 힘든 생활을 피하기 위해 사람에게 의지하기로 결정했습니다. 하나님께는 도움을 구해보지도 않고 의지할 사람을 세우기로 한 것입니다. 그것은 바로 왕이었답니다. 그 왕을 달라고 하나님께 졸랐다지요. 물론 하나님 마음에 합한 왕을 세워달라는 것이 아니라 자신들의 마음에 드는 왕을 달라고 한 겁니다. 그런 마음을 하나님이 아셨지요. 그래서 사람들의 마음에 드는 사람을 골라 왕으로 세웠습니다. 그가 사울이었습니다. 엉터리들 가운데 좀 나은 사람일 뿐이었습니다. 사울에게 권력을 주었더니 주체하지 못하고 결국 파경을 맞이합니다. 지도자라는 권력을 가진 신분은 하나님 나라의 맥을 이어가는 증표가 아니랍니다.

사무엘이 버림받습니다. 사람들은 자신들의 욕심을 채우기 위해 사무엘이 늙었다는 이유로 물러나라고 했답니다. 사실상 늙은 사람을 물러나게 한 것이 아닙니다. 하나님 나라의 맥을 이어가는 사람을 천대한 거랍니다. 하나님 마음에 합한 사람을 천대한 겁니다.

여기까지가 사무엘상 전반부의 이야기입니다. 읽으면서 깊은 감동을 받았습니다. 하나님 나라의 맥을 이어가는 사람들의 고독한 모습을 보았기 때문입니다. 그들의 그 고독함 속에서도 꿋꿋하게 하나님을 바라보는 흐트러지지 않는 자세에 감동 받았습니다.

슬픔도 있었습니다. 타락한 성직자들 때문이었습니다. 저도 목회자이기에 별반 차이 없음을 발견했습니다. 제사장들을 질타하다가도 엘리의 모습이 제 모습이었고, 홉니와 비느하스의 모습이 제 모습인 것을 발견하기도 했습니다. 나도 똑같은 놈임을 부인할 수 없었습니다. 그래서 글을 쓰면서 울었답니다. 제 모습을 써야 했기 때문입니다. 가슴이 아팠습니다. 하나님의 사람을 물러나게 하는 사람들 때문이었답니다. 우리 시대의 교회가 종종 나이든 어른들을 무시하는 말을 너무 자연스럽게 하더라구요. 마치 젊은이가 우글거리면 살아있는 교회이고, 늙은 사람들이 많으면 죽은 교회라고 단정 짓는 교회의 현실을 대변하는 것 같았습니다. 목회자들마다 자신들은 젊은이를 위한 목회를 한다고 말한답니다. 늙은이는 하나님에게서까지 버림받은 것처럼 착각하게 만들고 있는 현실입니다. 그래서 슬펐답니다. 교회의 힘은 젊은 사람이 많을 때 있는 게 아닙니다. 하나님의 사람이 많을 때 힘이 있는 것입니다. 하나님을 사랑하는 원로들–사무엘과 같은 분들 말입니다–이 많이 계시는 교회가 복된 교회지요.

하나님 나라의 맥을 이어가는 사람들, 우리도 그 줄을 잡고 살아야 한답니다. 그 줄을 앞에서 잡고 살았던 선배들의 삶을 읽어가면서 내 모습, 우리의 모습을 봅니다. 지금도 지구촌의 알려지지 않은 곳곳에서 하나님 마음을 흐뭇하게 해드리는 하나님 나라의 맥을 이어가는 분들이 있습니다. 그분들에게 감사드립니다. 평생을 사무엘처럼 살아오신 한국 교회에 힘이 되신 원로들께 감사를 드립니다. 그리고 그 뒤를 따라 하나님 나라의 맥을 이어갈 동역자와 형제, 자매님들께 감사를 드립니다.

캘리포니아 계곡 마을, 밸리에서

조관호 목사

〉〉 아홉 번째 이야기 삼상 22-23장

아무도 믿지 말라!

사울 왕이 자신을 잡기 위해 그일라로 향해 오고 있다는 정보가 다윗의 귀에 들린겁니다. 다윗의 마음이 불안했습니다. 물론 그일라를 구원하기 전에도 이런 일을 예상하긴 했습니다만 막상 사울 왕이 또 잡으러 온다고 하니 마음이 초조한 거였습니다. '정말 사울 왕이 날 잡으러 오는 걸까? 그럼 난 꼼짝없이 당하는 게 아닌가? 함께 하는 이 많은 사람들은 어떻게 되는 건가?... 나와 함께 동고동락을 하는 이 형제들도 모두 잡혀 죽는단 말인가?' 그러면서도 그일라 사람들을 생각했습니다. '자신들의 생명을 구원해 주었는데 그 일라 사람들이 사울의 칼로부터 나를 지켜줄 거야 사람이라면 도리가 있는 법... 그일라 사람들이 틀림없이 지켜줄 거야!' '그런데 혹시... 날 사울 왕에게 넘겨줄지도 몰라... 아니야 그럴 리가 있겠어?' 다윗의 마음이 갈피를 잡지 못했습니다. 그러나 다윗이 광야학교를 통해서 배운 것이 있었습니다. 하나님을 의지하는 거였습니다. 그래서 하나님께 엎드려 기도했답니다. 하나님께

❶ 삼상 22:1-2
축축한 동굴 속에서

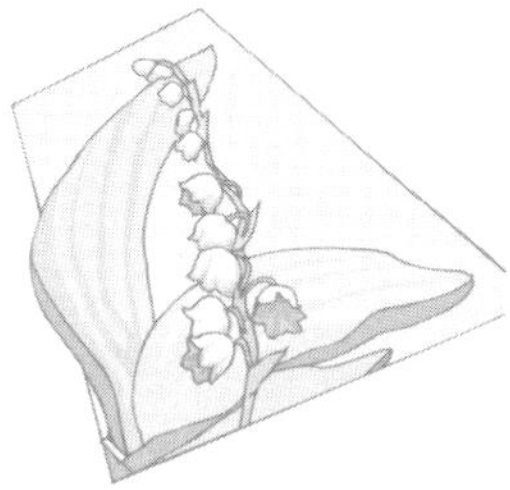

하나님의 다윗을 향한 광야 학교 수업은 고통스럽습니다만 멋있습니다. 다윗은 스스로가 어떻게 변해 가는지를 모를 수 있습니다. 그러나 하나님은 다윗을 향한 당신의 일을 열심히 이루어 가십니다. 결국 하나님을 기억하는 사람으로 만드셨고, 하나님만을 바라보는 사람으로 만드셨습니다.

다윗은 블레셋의 가드 왕 아기스에게서 미친 놈 취급받아 쫓겨나 하나님이 계신 이스라엘로 다시 돌아온 겁니다만 갈 곳이 없었답니다. 그래서 간 곳이 '아둘람 굴' 이었습니다.

동굴 속은 냉기가 돌고 있었습니다. 천장에서는 맺혀 있던 물방울들이 계속 떨어지고 있었습니다. 음산하고 축축했습니다. 보고 싶은 사람들이 생각났습니다. 아내 미갈, 결혼하기 위해 블레셋 사람 양피 200개를 가지고 왕궁에 갔을 때 자신을 따뜻하게 맞아준 미갈의 예쁜 모습이 떠오릅니다. 그 때 일을 생각하던 다윗은 빙그레 웃어봅니다. 자신에게 기름을 부은 근엄하신 사무엘 선지자도 보고 싶었습니다. 사람들은 사무엘을 무서워했을지 모릅니다만 다윗에게는 따뜻한 어른이셨습니다. 한편 요나단에 대한 생각은 다윗의 가슴을 메이게 했습니다. 자신을 참으로 구해준 왕자였습니다. 자신의 왕좌(王座)를 포기하면서까지 목동인 자신을 사랑해 준 요나단의 사랑과 은혜가 생각났습니다. 고마움 때문에... 갑자기 가슴이 뭉클해지더니 코가 시큰거렸습니다. 눈물이 핑 돌았습니다. 억제할 수가 없었습니다. 다시 만날 기약 없이 헤어진 사람들입니다. 나이 많아 힘들어하시던 아버지와 어머니 그리고 형님들도 보고 싶었습니다.

축축한 동굴에서의 하루하루... 먹을 것도 없고 이야기할 사람도 없고 어떤 약속도 내일의 희망도 없는 그런 날들이었습니다. 그러나 마음속에 점점 커지는 것이 있었습니다. 하나님이었습니다. 하나님을 생각하면 눈물이 나는 겁니다. 다윗은 축축한 동굴 속에서 하나님을 부르고 있었답니다.

「내가 소리내어 여호와께 부르짖으며 소리내어 여호와께 간구하는도다 내가 내 원통함을 그 앞에 토(吐)하며 내 우환(憂患)을 그 앞에 진술(陳 述)하는도다 내 심령이 속에서 상할 때에도 주께서 내 길을 아셨나이다 나의 행하는 길에 저희가 나를 잡으려고 올무를 숨겼나이다 내 우편을 살펴보소서 나를 아는 자도 없고 피난처도 없고 내 영혼을 돌아보는 자도 없나이다 여호와여 내가 주께 부르짖어 말하기를 주는 나의 피난처시요 생존 세계에서 나의 분깃이시라 하였나이다 나의 부르짖음을 들으소서 나는 심히 비천하니이다 나를 핍박하는 자에게서 건지소서 저희는 나보다 강하니이다 내 영혼을 옥에서 이끌어 내사 주의 이름을 감사케 하소서 주께서 나를 후대하시리니 의인이 나를 두르리이다」(시 142:1-7)

아둘람 동굴 속에서의 고독은 오래가지 않았습니다. 행객(行客)들이 지나가다가 더위와 밤을 피해 굴 속으로 들어왔습니다. 얼마나 반가운 사람들이었는지요. 저들과 이야기를 하던 중에 자신이 다윗이라고 소개도 했습니다. 어차피 생명은 하나님께 속한 것이기에 속이거나 숨길 필요도 없었습니다. 그런데 뜻밖에도 사람들이 다윗을 동정하는 겁니다. 어떤 사람들은 다윗의 이야기를 듣고 사울 왕을 욕하기도 했습니다. 세금을 많이 내서 살 수가 없다는 둥, 사울 왕의 정부와 군사들이 폭력을 휘두른다는 둥, 사울 때문에 원통하고 분해서 못살겠다는 둥… 압박과 채무, 공정치 못한 정부 관리의 재판으로 인해 원통에 젖어 있는 사람들… 그런 사람들이 사울 정부를 피해 다윗과 함께 동굴에서 지내기 시작했습니다. 사람들은 다윗을 자신들의 주군(主君)이라고 부르기도 했납니다.

그러던 어느 날입니다. 동굴 어구에 앉아 있는데 멀리서 한 노인이 뒤뚱거리며 지팡이를 짚고 걸어오는 겁니다. 보기에 너무 늙었습니다. 빨리 걸을 수 없는 분인데도 왠지 서두르는 느낌입니다. 옆에는 젊은 사람들이 같이 오고 있었습니다. 다윗은 저 노인과 같이 오는 젊은 사람들이 뭔가 어려운 일을 만나 도망 오는 것이라고 짐작했답니다. 그런데 그게 아니었습니다! 아니 설령 그런지는 몰라도 다윗은 그 노인과 그 사람들을 그렇게 생각할 여유가 없었습니다. 그들이 알아볼 수 있는 거리까지 왔을 때 다윗의 가슴은 뛰었습니다. 그 노인은 아버지 이새였습니다. 그리고 어머니와 형님들이었습니다. 상상할 수도 없었던 뜻밖의 일입니다. 아버지 이새의 손은 떨렸습니만 막내 아들을 만난 감격을 감추지 못했습니다. 형님들도 다윗을 끌어안았습니다. 아둘람 굴은 어느 새 울음바다가 되었습니다.

"아버님! 어머님! 형님!"

"막내야! 다윗아!"

온통 울음바다였습니다. 다윗 때문에 아버지 이새도, 형님들도 사울에게 많은 억압을 받았음에 틀림없었습니다. 그러나 어느 누구도 다윗을 원망하지 않았답니다. 단지 막내 다윗이 살아있다는 것이 고마웠고 감사했을 뿐입니다. 사울 왕에게 억압을 받아 마음이 강퍅해져 있던 아둘람 굴의 사람들도 다윗과 이새 노인의 만남 그리고 형제들의 상봉을 보고 슬픔의 눈물인지 감격의 눈물인지 눈물만 흘리고 있었습니다. 부모와 형제의 귀중한 가치가 향기 나는 굴 속이었습니다.

그날 밤 다윗은 잠을 이룰 수가 없었습니다. 나이 많아 늙으신 아버지 이새와 어머니, 형님들이 차디찬 동굴 바닥에서 주무시는 것을 보니 잠을 자보려고 했지만 도무지 잠이 오지 않습니다. 뒤척거리다가 밖으로 나왔습니다. 하늘의 별이 유난히도 반짝거렸습니다. 하나님이 얼마나 고마운지... 그 고마움으로 흐르는 눈물을 막을 수가 없었습니다. 그리고 마음 속에서 흘러나오는 한 편의 시를 이렇게 읊었습니다.

「형제가 연합하여 동거함이 어찌 그리 선하고 아름다운고 머리에 있는 보배로운 기름이 수염 곧 아론의 수염에 흘러서 그 옷깃까지 내림 같고 헐몬의 이슬이 시온의 산들에 내림 같도다 거기서 여호와께서 복을 명하셨나니 곧 영생이로다」(시 133:1-3)

아버지 이새 그리고 어머니와 형님들, 가족들과 함께 있는 아둘람 굴의 생활은 오랜만에 즐겁고 행복한 시간이었습니다. 가족과 오랫동안 떨어져 본 사람만이 경험할 수 있는 느낌입니다. 그리고 상처받은 사람들 400명과 이제는 한 식구가 되었답니다. 만남으로 인해 다윗은 회복되어 가고 있었답니다.

그러나 다윗은 400명의 사람들, 또한 형님들을 버팀목으로 하지 않았습니다. 오직 하나님만을 버팀목으로 생각했답니다. 그는 이른 아침 남들이 곤하게 잠자는 새벽 일찍 일어나서 하나님을 찾았습니다. 기도하면 억울하고 답답하고 보이지 않는 내일로 인해 숨이 막히던 마음이 감사와 기쁨으로 그리고 생명으로 회복되곤 했습니다. 날마다 하나님을 의지하면서 광야 한가운데서 소리 질러 이렇게 노래했습니다.

「하나님이여 나를 긍휼히 여기시고 나를 긍휼히 여기소서 내 영혼이 주께로 피하되 주의 날개 그늘 아래서 이 재앙이 지나기까지 피하리이다 내가 지극히 높으신 하나님께 부르짖음이여 곧 나를 위하여 모든 것을 이루시는 하나님께로다 저가 하늘에서 보내사 나를 삼키려는 자의 비방에서 나를 구원하실지라(셀라) 하나님이 그 인자와 진리를 보내시리로다 내 혼이 사자 중에 처하며 내가 불사르는 자 중에 누웠으니 곧 인생 중에라 저희 이는 창과 살이요 저희 혀는 날카로운 칼 같도다 하나님이여 주는 하늘 위에 높이 들리시며 주의 영광은 온 세계 위에 높아지기를 원하나이다 저희가 내 걸음을 장애(障碍)하려고 그물을 예비하였으니 내 영혼이 억울하도다 저희가 내 앞에 웅덩이를 팠으나 스스로 그 중에 빠졌도다(셀라) 하나님이여 내 마음이 확정되었고 내 마음이 확정되었사오니 내가 노래하고 내가 찬송하리이다 내 영광아 깰지어다 비파야 수금아 깰지어다 내가 새벽을 깨우리로다 주여 내가 만민 중에서 주께 감사하오며 열방 중에서 주를 찬송하리이다 대저 주의 인자는 커서 하늘에 미치고 주의 진리는 궁창에 이르나이다 하나님이여 주는 하늘 위에 높이 들리시며 주의 영광은 온 세계 위에 높아지기를 원하나이다」(시 57:1–11)

하나님은 광야 학교를 통해 다윗으로 하여금 하나님만을 버팀목으로 생각하게 만드셨습니다. 그러나 또 다른 하나님의 계획이 있었습니다. 그것은 400명의 사람들을 통하여 다윗의 '사람 다룸'을 배우게 하시는 것이었습니다. 400명의 사람들은 쉬운 사람들이 아니었습니다. 인격적으로 고상하거나 참을성이 많은 사람이 아니고 남의 입장에서 남을 이해해 줄 수 있는 여유가 있는 사람들도 아닙니다. 하나 같이 불평불만이 가득 찬 사람들이었습니다. 환란 당한 자요, 빚지고 도망 온 사람들이요, 마음에 한이 맺혀 있는 사람들이요, 원통한 것으로 가득 차 있는 상처받은 사람들이었습니다. 하나님은 이런 거친 사람들을 다윗에게 맡기신 겁니다. 그리고 그들을 질서 정연한 무리로 만들게 했습니다. 이들을 인격자로, 베푸는 사람으로, 이들을 일꾼으로 만드는 지도자로 훈련을 시키고 계셨습니다.

우리도 지금 동굴 속에 있지 않은지요?
우리도 지금 환란 중에 동굴로 피해 있지는 않은지요?
빚지고 동굴 속에 들어와 있지는 않은지요?
힘이 없어 너무 원통하기에 상처받고
갈 곳 없어 동굴 속에 와 있지는 않은지요?
그래요.
우리도 말하기 부끄럽고 말할 수 없는
아픔과 상처가 있습니다.
더 이상 버티기 어려워서 울다가
동굴을 찾고 있을 수 있습니다.
그냥 오십시오.
동굴에 오는 것을 부끄러워 말고 오십시오.

인격자나 품위 있는 사람들은 없습니다.

모두가 아픔과 상처, 고독과 부끄러움의 사람들입니다.

자신을 말하기 싫은 사람들이 모여 있을 것입니다.

그러나 동굴로 오십시오.

하나님께서 동굴에서 당신의 상처를 씻어 주실 것입니다.

동굴에서 편안한 잠을 주실 것입니다.

동굴에서 오랫동안 잃었던 웃음을 다시 찾게 해 주실 것입니다.

그리고 당신의 상처와 아픔이 치료된 후에

하나님은 당신을 동굴에서 내보내시고

다른 상처로 울고 있는 사람의 치유자가 되게 하실 것입니다.

「그러므로 다윗이 그곳을 떠나 아둘람 굴로 도망하매 그 형제와 아비의 온 집이 듣고는 그리로 내려가서 그에게 이르렀고 환난 당한 모든 자와 빚진 자와 마음이 원통한 자가 다 그에게로 모였고 그는 그 장관이 되었는데 그와 함께 한 자가 사백 명 가량이었더라」(:1-2)

❷ 삼상 22:3-5
하나님의 지시하심

다윗의 마음속에 하나님이 중심되기 시작했습니다. 하나님을 기다리는 여유를 소유한 사람이 되어가고 있었습니다.

「하나님이 나를 위하여 어떻게 하실 것을 내가 알기까지…」(:3중)

이 말은 나이가 너무 들어 움직이기 어려운 부모님을 모압 왕에게 부탁하면서 한 말입니다. 다윗은 하나님의 지시하심 없이는 움직이지 않겠다고 신앙을 고백한 겁니다. 400명의 사람들이 있다고 그들과 의논할 것이 아니라는 말입니다. 물론 400명의 사람들이 지금 다윗에게 목숨을 바칠 준비가 되어 있고 또 사울 왕에 대한 적개심으로 가득 차 있기에 다윗은 저들을 충분히 움직일 수 있었습니다. 그러나 다윗은 그 이글거리는 400명이 눈에 들어오지 않았습니다. 다윗의 눈에 들어온 것은 오직 하나, 하나님 한 분 뿐이었습니다! 다윗은 자신을 지탱해 줄 수 있는 버팀목은 하나님뿐임을 의심하지 않았습니다.

하나님은 참으로 다윗의 버팀목이셨습니다. 다윗도 그 버팀목이신 하나님을 기다리고 있었습니다. 하나님을 버팀목으로 삼고 있는 사람은 초조해 하지 않습니다. 언제나 여유가 있습니다. 급한 것도 없고 바쁜 것도 없습니다. 하나님께서 모든 일을 알아서 하신다는 신뢰 때문입니다.

> 다윗의 여유 속에 하나님이 개입하십니다.
> 갓 선지자의 나타남입니다.
> 다윗에게는 어디를 가느냐 하는 것이 문제가 아닙니다.
> 하나님의 뜻이냐 하는 것이 문제였습니다.
> 하나님의 뜻이면 당장이라도 움직이고
> 하나님의 뜻이라면 몇 년이라도 동굴에서 살 수 있습니다.
> 그것이 다윗이 광야 학교에서 배운 것입니다.
> 하나님이 말씀하십니다.
> 「이 요새에 있지 말고 떠나 유다 땅으로 들어가라!」(:5중)

다윗이 하나님 마음에 합한 사람의 모습으로 많이 바뀌어 있는 겁니다. 하나님의 작품입니다.

❸ 삼상 22:6–10
오직 한 일 다윗 미워하기

사울 왕의 내치(內治)는 엉망이었습니다.

사울 왕은 많은 사람들을 관리(官吏)로 선정해서 나라를 다스리게 했습니다. 그것도 정권을 유지하기 위해서 다른 지파 사람보다는 자신의 친족인 베냐민 지파 사람들을 고위직에 임명하였답니다. 그러나 사울 왕은 관리를 선정만 해 놓았을 뿐 그들을 감독하지 못했습니다. 그러니 이스라엘의 내부 사정은 부정부패와 폭정의 연속일 수밖에 없었답니다. 그래서 생긴 결과는 혼란이었죠. 「환란 당한 자, 빚진 자, 마음이 원통한 자…」들이 곳곳에서 생겨나고 있는 겁니다. 사울 왕의 내치(內治)가 이럴 수밖에 없었던 결정적인 요인은 누군가가 사울의 권력을 빼앗을 것이라는 사무엘 선지자의 예언과 그 예언의 인물로서 다윗이 유력했기 때문에, 그 문제를 해결하는 것이 우선이었으므로 내치(內治)를 제대로 할 수가 없었던 겁니다.

누군가 다윗을 보았다는 정보가 사울 왕에게 입수되었습니다. 그런데도 사울 왕의 피를 말리는 문제가 다윗에 대한 것임을 알고 있었던 신하들이 다윗을 잡아들이지 않는 겁니다. 사울 왕은 생각만 해도 열이 받혔습니다. 어느 놈 하나 다윗을 잡아들이려고 하지 않고 있기 때문입니다. 화가 난 사울 왕은 관리들에게 이렇게 말했습니다.

「너희 베냐민 사람들아 들으라 이새의 아들이 너희에게 각기 밭과 포도원을 주며 너희로 천부장 백부장을 삼겠느냐」(:7)

「너희가 다 공모하여 나를 대적하며…」(:8상)

「내 아들이 이새의 아들과 맹약하였으되…」

「내게 고발하는 자가 하나도 없고 나를 위하여 슬퍼하거나 내 아들이 내 신하를 선동하여 오늘이라도 매복하였다가 나를 치려 하는 것을 내게 고발하는 자가 하나도 없도다」(:7-:8하)

사울 왕의 신하들도 왕의 편이 아닌지, 아니면 사울 왕을 돕고 싶지만 도울 수가 없는 난감한 처지인지는 알 수가 없습니다. 하여간 어찌되었든 간에 사울 왕은 신하는 물론 아들까지도 미웠습니다. 누군가가 자신을 도울 수 있는 사람만 있다면 새 힘을 얻을 수 있을 것 같았습니다.

"베냐민! 너희들은 내 친족이 아니냐? 내가 내 지파라고 특별히 봐줘서 밭도 주고 포도원도 주고 권력도 주었는데 그 은혜도 잊고 있어? 망할 놈들 같으니…"

사울 왕의 말은 계속되었습니다.

"이 놈들이 다 짜고 나를 조롱하고 나를 몰아내려 하는구먼! 내 뱃속에서 나온 아들 놈까지 이새의 아들이란 놈과 결탁하였으니 어느 놈 하나 믿을 놈이 없어! 날 죽이려는 놈이 내 코 앞에 와 있는데도 잡기는커녕 고발하는 놈 하나 없어!"

주변에 있던 신하들은 사울 왕의 격앙된 소리 지름에 모두 침묵합니다. 기브아 산에는 왕의 고함 말고는 바람조차 소리를 낼 수 없는 삭막한 분위기였습니다. 베냐민 사람으로 구성된 신하들이 주눅 들어 한 마디 말도 못하고 침묵이 계속되고 있었는데… 한 사람이 슬금슬금 곁눈질을 하더니 헛기침을 두어 번 합니다. 사울 왕의 신하들은 웬 놈이 분위기도 모르고 소리를 낸다고 속으로 고통스러워하고 있었습니다.

그가 기브아 산의 적막을 깨고 사울 왕을 부릅니다. 그는 에돔 사람으로 도엑이라는 사람이었습니다. 놉 땅에 있는 사울 왕의 양을 키우던 하위직(下位職)의 목자장이었습니다. 쭈뼛거리던 목자장 도엑은 어색한 말투로 말을 하기 시작했습니다.

"폐하, 제가 다윗을 보았습니다."

다윗을 보았다는 도엑의 말에 사울 왕은 귀가 번쩍였습니다.

"그래? 네가 다윗 놈을 보았어? 어디서 보았어? 그 놈이 어떤 놈하고 어디를 휘젓고 다니더라는 거야?"

"예, 전하. 제가 놉 땅에서 다윗을 보았습니다."

"놉 땅? 그 곳이 어디야? 내 당장 그 놈을 잡으러 가마! 그 놈이 그 곳에서 뭐하고 있더냐?"

"예, 제가 전하의 양을 치던 곳입니다. 제가 양을 치고 있는 놉 땅의 제사장 집에서 다윗을 보았습니다. 그 놈 다윗이 제사장과는 무척이나 가까운 것 같았습니다. 제사장의 이름은 아히멜렉이었는데 나이가 좀 들었습니다만 전하의 원수인 다윗을 무척이나 존경하는 것 같았습니다."

"그래? 아히멜렉이라는 제사장 놈이라고 했지? 그 제사장이 다윗을 존경하는 것 같더라고? 그래 어떻게 다윗에게 해 주더냐?"

"예, 그 놈의 제사장이 다윗을 위해 기도해 주는 걸 보았습니다요. 뿐만 아니라 음식도 융숭하게 대접해 주고, 그리고..."

"그리고? 그리고 또 뭐야? 어서 말하거라. 내가 너 같이 충성스런 신하를 본 적이 없느니라. 이번 일로 네게 큰 상을 내리마."

도엑은 주변 사람들의 눈치를 보면서 입을 열었습니다.

"저... 제사장이 다윗에게 칼을 주었습니다. 골리앗을 죽인 그 칼을 주는 것을 제 눈으로 똑똑히 보았습니다."

「가로되 이새의 아들이 놉에 와서 아히둡의 아들 아히멜렉에게 이른 것을 내가 보았었는데 아히멜렉이 그를 위하여 여호와께 묻고 그에게 식물도 주고 블레셋 사람 골리앗의 칼도 주더이다」(:9–10)

에돔 사람 도엑의 거짓 보고...

자신을 유리하게 하기 위한 거짓 보고입니다.

상대방에 대해 나쁜 감정을 갖게 함으로

자신을 드러내고 출세하려는 옳지 못한 보고였습니다.

해석이야... 자유라고나 할까요...

우리도 이런 일을 종종 합니다.

사실을 왜곡하여 자신을 높이려는 행동 말입니다.

사람을 속일 수도 있고

자신은 분명 그렇게 보았다고 변명할 수도 있습니다.

그러나 그런 마음을

하나님께도 숨길 수 있다고 생각하면 안 되지요.

에돔 사람 도엑

사울 왕의 가려운 부분을 시원스럽게 긁어 주는 보고를 하였습니다. 누구도 다윗의 행방을 알지 못하고 있었는데 에돔 사람 도엑이 사울에게 다윗의 행적을 보고한 것입니다. 물론 사실만을 보고하지는 않았습니다. 그는 있었던 사실 위에다가 사울의 감정을 격동시킬만한 내용들을 약간씩 첨가 시켰습니다. 사울 왕에게 자극이 될 만큼씩 말입니다. 그래서 자신의 공로를 사울 왕의 이미지에 박히도록 했습니다. 왜냐하면 출세를 해야 했기 때문입니다.

4 삼상 22:11-19
제사장을 죽인 왕

도엑의 보고는 사울을 크게 흥분시켰습니다. 마치 싸움소가[투우(鬪牛)] 흔들거리는 붉은 색 천을 보면 흥분이 되는 것처럼, 사울 왕은 다윗과 아히멜렉 제사장의 만남의 사건을 전해 듣고 흥분하기 시작한 겁니다.

옆에 쭈뼛이 서 있는 신하를 불렀습니다. 그러고는 당장 놉으로 달려가서 아히멜렉이라는 제사장 놈을 잡아오라는 겁니다. 신하는 조금이라도 주춤거리는 태도를 보이면 사울 왕의 미친 끼가 발작할까봐 재빨리 움직였습니다. 사울 왕은 말을 내 주면서 빨리 가서 잡아오라는 것입니다.

그러더니 갑자기 가려고 하는 신하를 붙들었습니다.

"이 놈아, 잠깐 기다려라."

사울 왕의 초조해하는 모습에 모두들 긴장하고 있었습니다.

"놉 땅의 제사장 놈을 잡아 올 때 그 집안 놈들을 다 잡아와! 분명 제사장 놈들이 합세해서 다윗을 도왔을 게 뻔할거라구!"

왕의 명을 받은 신하는 놉 땅으로 달려가 아히멜렉 제사장을 만났습니다. 그리고는 자초지종을 말하고, 다윗을 쫓다가 기브아 산꼭대기에 머물고 있는 사울 왕에게 갈 것을 종용했답니다. 제사장 아히멜렉은 사울 왕이 뭔가를 오해하고 있구나 라는 생각이 들었습니다. 사실대로 말해서 오해를 풀어야 하겠다는 생각으로 왕의 신하를 따랐답니다. 물론 다른 제사장들도 함께 갔지요. 모두 85명이었습니다.

아히멜렉을 포함하여 85명의 제사장들이 사울 왕이 있는 기브아 산꼭대기까지 올랐습니다. 군인들이 흩어져 쉬고 있는 모습이 보였습니다. 여기저기서 아히멜렉을 알아보는 군인들도 있었고 인사를 나누기도 했습니다. 높은 산을 오른 아히멜렉 제사장은 숨이 가쁜 표정이었습니다만 시원한 산 공기를 들이키면서 숨을 돌렸지요.

산꼭대기... 왕 사울이 있다는 곳으로 안내를 받았습니다. 아히멜렉 제사장은 사울 왕에게 예의를 갖춰 정중하게 인사를 했습니다. 그런데 사울 왕의 반응이 심상치 않았습니다. 인사하는 아히멜렉 제사장을 부르는 목소리부터 뭔가 떨떠름 했답니다.

"네가 아히둡의 아들이냐?"

사울 왕의 첫 말이었습니다.

"예 전하, 제가 아히둡의 아들입니다. 부르셨기로 왔습니다."

아히멜렉의 대답이 떨어지자마자 사울 왕은 뭔가 작심한 듯 자기 자리에서 일어나 아히멜렉 코끝에 얼굴을 대면서 물었습니다. 왕은 눈을 부라리며 이를 갈고 있었습니다.

"이놈아, 네가 이새의 아들과 공모를 해서 나라를 뒤집어엎으려고 역모를 꾸미고 있었다 이거지! 제사 드린답시고 그 놈에게 먹을 걸 몰래 주고, 칼도 주고… 나쁜 놈 같으니라구… 감히 역모를 꾸며! 그래서 나를 죽이려고? 나 잘 죽이라고 기도도 했겠구먼!"

「왕이 보내어 아히둡의 아들 제사장 아히멜렉과 그 아비의 온 집 곧 놉에 있는 제사장들을 부르매 그들이 다 왕께 이른지라 사울이 가로되 너 아히둡의 아들아 들으라 대답하되 내 주여 내가 여기 있나이다 사울이 그에게 이르되 네가 어찌하여 이새의 아들과 공모하여 나를 대적하여 그에게 떡과 칼을 주고 그를 위하여 하나님께 물어서 그로 오늘이라도 매복하였다가 나를 치게 하려 하였느뇨」(:11-13)

사울 왕의 신앙은 뒤틀려 있었습니다.
제사장의 의무 중 하나는 도망자를 일단 돕는 것입니다.
제사장은 어떤 죄인이든지 보호해 줄 의무가 있었습니다.
그러므로 설상 다윗이 죄인이라 하더라도
아히멜렉이 다윗을 보호한 것은

죄가 아닙니다.

그런데 사울 왕은 다윗 보호를 죄로 만들고 있습니다.

…

사울 왕의 생각은 이런 겁니다.

제사장은 하나님의 뜻을 따르기보다는

왕을 위해 존재해야 한다고 생각하고 있는 겁니다.

성전도 죄인을 숨겨주고 보호해 주는 것이 아닌

정권과 국가를 비호해 주는 사당 노릇을 해야 한다고

생각하고 있는 것이지요.

사울 왕의 생각이 이렇게 뒤틀려 있습니다.

우리의 생각도 뒤틀려 있을 수 있습니다.

그 뒤틀림은 성경을 왜곡(歪曲)할 때 시작됩니다.

성경을 하나님의 눈으로, 하나님의 입장에서 보아야 합니다.

그러면 문제들이 쉽게 해결됩니다.

그런데 나의 눈으로, 나의 기준에서 보게 되면

생각이 뒤틀리게 됩니다.

하나님의 눈과 하나님의 입장에서 성경을 보면

하나님의 은혜가 발견됩니다.

그런데 나의 입장과 나의 기준으로 보게 되면

나의 열심과 공로를 계산하게 됩니다.

아히멜렉은 시뻘건 눈을 가지고 침을 튀기며 말도 되지 않는 이야기를 하고 있는 사울 왕에게 침착하게 이야기하기 시작했습니다.

"전하, 뭔가를 오해하고 계시는 것 같습니다. 역모라뇨? 제가 무슨 역모를 꾸미겠으며, 다윗이 왜 전하를 배신하겠습니까? 다윗은 왕께 얼마나 충실한 사람인데요. 다윗은 절대로 그럴 사람이 아닙니다. 제가 알기로는 왕께 가장 충실한 신하 가운데 한 사람이라고 생각합니다. 그런 사람이 왕을 배반할 거라고 생각하시면 오해입니다. 게다가 다윗은 왕의 사위가 아닙니까? 오랫동안 다윗을 옆에 두고 그의 성품을 보아오지 않으셨는지요. 다윗은 왕을 배반하지 않을 사람입니다. 임금께서 제가 다윗을 위해 기도했다고 하셨습니다만 사실 그를 위해 기도한 것이 어제 오늘의 일이 아닙니다. 오래 전부터 그를 위해 기도했었죠."

아히멜렉의 이야기를 듣고 있던 사울 왕의 얼굴은 점점 굳어가고 있었습니다. 속으로는 이놈의 제사장 놈이 어디까지 지껄이는가 보자 하면서 이를 갈고 있었구요. 아히멜렉의 말이 계속되었습니다.

"제가 기도한 것은 다윗이 왕의 신하로서 왕을 잘 보필하도록 한 것뿐 다른 뜻은 없습니다. 왕이시여, 오해 마십시오. 그리고 제가 아는 것은 아무 것도 없습니다."

「아히멜렉이 왕에게 대답하여 가로되 왕의 모든 신하 중에 다윗 같이 충실한 자가 누구인지요 그는 왕의 사위도 되고 왕의 모신도 되고 왕실에서 존귀한 자가 아니니이까 내가 그를 위하여 하나님께 물은 것이 오늘이 처음이니이까 결단코 아니니이다 원컨대 왕은 종과 종의 아비의 온 집에 아무것도 돌리지 마옵소서 왕의 종은 이 모든 일의 대소간에 아는 것이 없나이다」(:14-15)

아히멜렉의 말을 듣고 있던 사울 왕은 소리를 버럭 질렀습니다. 미친 개 같았습니다.

"이 놈 하는 말 좀 봐라. 주둥이가 있다고 지껄이고 싶은 말을 다하고 있구나. 그렇게 씨부렁거리면 다윗이 벼슬이라도 줄 것 같아서 건방을 떠는거냐, 이 놈아, 네 이놈! 네 놈의 목을 베어 주둥아리를 놀리지 못하게 하마. 아니 네 놈이 제사장이라고 하나님 빽 믿고 건방을 떠는가 본데 네 놈만 아니라 네 피가 섞인 제사장 놈이란 것들의 씨를 말리마!"

미친 개같이 우왕좌왕하면서 분을 내뿜는 사울 왕의 모습이 측은할 정도였습니다. 그러더니 사울 왕은 칼을 들고 있는 부하에게 큰 소리로 명령했습니다.

"야! 네가 저 놈 죽여! 아히멜렉인지 뭔지 하는 놈 목을 당장 쳐!"

그러나 부하는 움직이질 않았습니다. 아니 움직이질 못했습니다. 하나님의 제사장이 잘못하지도 않은 데다 제사장을 죽인다는 것이 양심상 허락되지 않았기 때문입니다. 사울 왕은 계속 소리질렀습니다.

"이 놈의 새끼들아, 왕의 말이 말 같지가 않냐? 저 놈들 다 죽이란 말이야! 저 놈들은 다 역모를 꾸민 반역자들이란 말이다!"

그러나 아무도 사울의 말을 따라 제사장들을 죽이는 일에 나서지 않았답니다.

「왕이 가로되 아히멜렉아 네가 반드시 죽을 것이요 네 아비의 온 집도 그러하리라 하고 왕이 좌우의 시위자에게 이르되 돌이켜 가서 여호와의 제사장들을 죽이라 그들도 다윗과 합력하였고 또 그들이 다윗의 도망한 것을 알고도 내게 고발치 아니하였음이니라 하나 왕의 신하들이 손을 들어 여호와의 제사장들 죽이기를 싫어한지라」(:16-17)

제사장 죽이는 데 아무도 나서지 않자 사울 왕은 도엑을 바라보았습니다. 이 사건의 정보를 준 도엑에게로 눈을 돌린 겁니다. 도엑이 출세에 눈이 멀었다는 것을 사울 왕이 모를 리 없었습니다. 에돔 사람으로 이스라엘 땅에서 서럽게 지내는 도엑이니 무슨 일인들 못하겠는지요? 사울 왕은 이것을 알고 있기에 도엑을 쳐다보는 것입니다. 도엑에게 가까이 다가가 그의 얼굴을 만지며 귓가에 속삭였습니다.

"네가 해라!"

「왕이 도엑에게 이르되 너는 돌이켜 제사장들을 죽이라」(:18상)

제사장을 죽이라고 합니다. 도엑도 하고 싶은 일이 아닙니다. 그리고 일이 이렇게까지 될 줄은 몰랐습니다. 단순히 정보만 제공하면 아히멜렉은 약간의 벌을 받고 자신은 정보 제공자로 포상을 조금 받을 계산이었습니다. 그런데 일이 이상하게 되어 제사장들을 죽이는 신세가 된 겁니다. 그는 빠져나갈 길이 없었습니다. 온 몸이 떨렸습니다. 제사장들을 죽이지 않으면 미친 사울 왕의 손에 자신이 죽을 거라는 생각이 든 겁니다. 사울 왕이 도엑의 손을 잡고 이 일을 맡기니 피할 길이 없는 겁니다. 왕은 도엑의 허리춤에 있는 칼집에서 칼을 뽑았습니다. 그리고 그것을 도엑의 손에 쥐어 주었습니다.

도엑은 떨면서 앞으로 나갔습니다. 아히멜렉 제사장과 눈이 마주쳤습니다. 평소에 놉 땅에서 양을 칠 때 아히멜렉의 집에 들려서 융숭한 대접을 받곤 했었습니다. 그 어른 앞에 도엑이 서 있는 겁니다. 아히멜렉 제사장은 눈으로 뭔가를 말하고 있는 듯 도엑을 끝까지 쳐다보고 있었습니다. 사울 왕이 도엑을 불렀습니다.

"이 놈아, 네가 불러 들였잖냐? 얼른 죽여버려!"

도엑, 소리를 질렀습니다. 눈을 감았습니다. 그리고는 칼로 아히멜렉을 사정없이 내리쳤습니다. 그리고 정신나간 사람처럼 쓰러진 아히멜렉을 또 찔렀답니다. 아히멜렉이 입고 있는 제사장 예복이 흘린 피로 물들어 가는 것을 보던 도엑은 또다시 거룩한 세마포 옷을 입고 있는 하나님의 제사장들을 향해 정신없이 다가가는 겁니다. 그리고나서는 순서도 없이 마구 찌르고 또 찌르고...

85명의 제사장들이었습니다. 칼을 들고 두 번째 세 번째... 열 번째... 열일곱 번째 사십 번째... 끝이 없습니다. 칼로 제사장들을 찌를 때 튄 피가 도엑의 얼굴과 몸에 흥건했습니다. 칠십 번째... 도엑도 지쳤습니다. 비명과 울음, 피비린내와 양심의 가책, 튀는 핏덩어리... 팔십네 번째... 그리고 팔십다섯 번째... 한 사람이... 팔십오 명의 사람을 찔러 죽였습니다. 살벌합니다. 사울의 신하들도 기가 막힌 듯 움직이지 못하고 있습니다. 도엑의 온 몸은 피와 땀으로 범벅이 되어 있습니다. 그리고 숨이 찬 듯, 큰 한 숨을 계속 길게 내쉬고 있을 뿐입니다.

사울 왕의 허탈한 웃음이 새어 나왔습니다. 미친 사람의 웃음이었습니다. 제사장들의 억울함이 사울 왕의 영혼 속에 스며들어간 듯 왕의 웃음소리는 미친 소리였습니다. 그런데 갑자기 사울 왕이 다시 소리를 지릅니다. 놉 땅에 가서 그 땅에 거하는 남녀 아이들, 젖 먹는 자들 그리고 소 나귀 양을 모두 칼로 죽여 버리라는 명령입니다. 그리고 그는 이 땅에서 들을 수 없는 이상한 웃음을 쏟아 부으면서 산 아래로 내려가는 겁니다.

「왕이 도엑에게 이르되 너는 돌이켜 제사장들을 죽이라 하매 에돔 사람 도엑이 돌이켜 제사장들을 쳐서 그 날에 세마포 에봇 입은 자 팔십 오인을 죽였고 제사장들의 성읍 놉의 남녀와 아이들과 젖 먹는 자들과 소와 나귀와 양을 칼로 쳤더라」(:18–19)

참 이상합니다.
하나님의 원수 아말렉을 이렇게 죽였다면
사울은 훌륭한 왕이 되었을 것입니다.
그런데 하나님의 원수는 손대지 않았습니다.
오히려 하나님의 사람들을 무참하게 죽였습니다.
하나님은 이것을 잊지 않으실 것입니다.

우리는 자신을 섭섭하게 한 사람에 대해서는 너무 잔인합니다.
그러나 하나님의 원수에 대하여는 관대할 때가 많습니다.
그러면 안 됩니다.
나를 섭섭하게 한 사람과는 싸우면 안 됩니다.
만일 우리의 원수가 있다면

그 문제는 하나님께 맡겨야 합니다.

그러나 우리가 싸워야 할 대상은

사탄임을 잊지 마십시오!

그 사탄과는 양보와 타협 없이 싸워야 합니다.

그것이 하나님이 바라시는 것입니다.

아히멜렉과 그 가문의 제사장들의 죽음

너무 비참합니다.

그런데 떠오르는 말씀이 있습니다.

약 40-50년 전에 있었던 사건입니다.

엘리 제사장에게 전해진 하나님의 말씀…

「내가 네 팔과 네 조상의 집 팔을 끊어 네 집에 노인이 하나도 없게 하는 날이 이를지라… 네 집에 영영토록 노인이 없을 것이며… 네 집에서 생산하는 모든 자가 젊어서 죽으리라…」(삼상 2:31-33)

이 말씀이 이루어지고 있는 거라는 생각입니다.

5 22:20-23

다윗의 고통

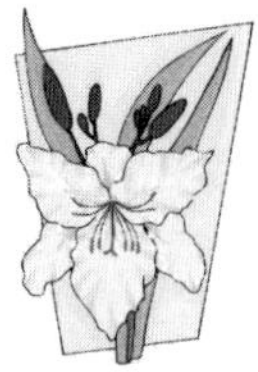

아히멜렉과 놉 제사장들이 죽음을 당할 때 기적적으로 도망나온 제사장이 있었습니다. 아히멜렉의 아들 아비아달이었습니다. 아비아달의 몸에서는 다른 형제들이 베일 때 튄 피로 인해 비린내를 풍기고 있었습니다. 그 모습으로 다윗에게로 달려갔답니다. 다윗은 아비아달을 보고 얼마나 놀랐는지요. 무슨 일이냐고 다급하게 물었습니다. 아비아달은 공포에 질려 일어났던 일을 말했답니다.

아비아달의 말을 듣고 그의 행동을 본 다윗은 숨이 막히는 것 같았습니다. 마음이 찢어지는 것 같았습니다. 그는 모든 상상을 했습니다. 얼마

전까지만 해도 놉 땅에서 자기의 이야기를 능청스럽게 듣고 있던 도엑의 모습... 혹시나 하면서 도엑을 의심하기도 했었지만 설마 일이 이렇게까지 될 줄은 상상도 못했습니다. 다윗의 마음에 분이 솟았습니다. 아히멜렉에 대한 고마움 그리고 미안함이 교차되면서 아비아달의 이야기를 더 이상 들을 수가 없었습니다. 아비아달 앞에서 고개도 들 수가 없었습니다.

"그 놈 도엑이 그 때 그 곳에 있기에 그 놈이 사울에게 고자질할 줄 알았다만 이런 사태까지 만들다니... 아비아달아, 미안하다. 네 아비의 죽음과 형제들의 죽음이 모두 나 때문이구나. 하여간 내 생명을 찾는 자들이 네 생명도 찾을 터이니 다른 곳에 가지 말고 내 곁에 있거라. 내 곁이 제일 안전해!"

「아비아달에게 이르되 그 날에 에돔 사람 도엑이 거기 있기로 그가 반드시 사울에게 고할 줄 내가 알았노라 네 아비 집의 모든 사람 죽은 것이 나의 연고로다 두려워 말고 내게 있으라 내 생명을 찾는 자가 네 생명도 찾는 자니 네가 나와 함께 있으면 보전하리라」(:22-23)

다윗은 진정할 수 없는 마음을 가지고 고통스러워 합니다. 그 마음을 가누지 못하고 하나님께 이렇게 기도했답니다.

「강포(强暴)한 자여 네가 어찌하여 악한 계획을 스스로 자랑하는고 하나님의 인자하심은 항상 있도다 네 혀가 심한 악을 꾀하여 날카로운 삭도(削刀)같이 간사(奸詐)를 행하는도다 네가 선보다 악을 사랑하며 의를 말함보다 거짓을 사랑하는도다(셀라) 간사한 혀여 네가 잡아먹는 모든 말을 좋아하는도다 그런즉 하나님이 영영히 너를 멸하심이여 너를 취하여 네 장막에서 뽑아내며 생존하는 땅에서 네 뿌리를 빼시리로다(셀라) 의인이 보고 두려워하며 또 저를 비웃어 말하기를 이 사람은 하나님으로 자기 힘을 삼지 아니하고 오직 그 재물의 풍부함을 의지하며 제 악으로 스스로 든든케 하던 자라 하리로다 오직 나는 하나님의 집에 있는 푸른 감람나무 같음이여 하나님의 인자하심을 영영히 의지하리로다 주께서 이를 행하셨으므로 내가 영영히 주께 감사하고 주의 이름이 선함으로 주의 성도 앞에서 내가 주의 이름을 의지하리이다」(시 52:1-9)

속이 탑니다.

그러나 다윗은 하나님을 의지하겠다고 합니다.

하나님만을 버팀목으로 하겠다는 사람이 되어 있는 겁니다.

광야 학교는 다윗을 이런 사람,

하나님의 마음에 합한 사람으로

만들고 있었답니다.

6 삼상 23:1-5
하나님의 뜻을 찾는 사람

유다 남쪽 블레셋 가까이에 그일라라고 하는 성읍이 있었습니다. 그런데 이 성읍에 블레셋이 쳐들어와서 농사지은 것을 모두 빼앗아 가곤 하는 것입니다. 속상한 일입니다. 그일라 사람들의 마음에는 누군가가 블레셋 놈들을 깨끗이 처리해 주었으면 하는 생각이 간절했습니다. 사실 사울 왕이 그런 일을 해 주어야 하는데 왕은 무슨 이유때문인지 자신들의 마을을 보호해 주지 않는 것입니다. 다윗이 그일라 사람들의 그러한 안타까운 입장을 들었습니다.

「혹이 다윗에게 고하여 가로되 보소서 블레셋 사람이 그일라를 쳐서 그 타작 마당을 탈취 하더이다」(:1)

다윗은 무척이나 속이 상했습니다. 자신이 속한 유다 지파 사람들이니 형제들이었거든요. 블레셋 놈들이 농사지어 타작하는 족족 빼앗아 간다는 소리를 들으니 속이 뒤집히는 거였답니다.

사실 사람들이 다윗에게 이 일을 알려 준 것은 다윗 집단이 이 악당들을 물리칠 수 있는 힘이 있음을 알고 있었기 때문입니다. 다윗도 당장에 출정해서 한바탕 일을 벌이고 싶기도 했지만 블레셋 군의 군사력이 만만치 않기에 고민이 되었습니다.

다윗은 광야 학교에서 수업을 받은 사람이었습니다. 자신의 기분에 따라 움직이거나 자신의 가능성을 의지하지 않는 법을 톡톡히 배운 사람입니다. 그렇기에 깊이 생각하고 있습니다. 하나님의 뜻이 무엇일까 하는 신중함이었지요. 다윗은 하나님께 기도했답니다.

「이에 다윗이 여호와께 묻자와 가로되 내가 가서 이 블레셋 사람을 치리이까」 (:2상)

일을 하느냐 하지 않느냐 하는 것이 중요한 것이 아닙니다.
하나님의 뜻이 어떤 것이냐를 알고
그 뜻에 따라 순종하는 것이 중요합니다.

하나님께서 신이 나셨습니다. 다윗의 행동이 하나님 마음에 꼭 들었기 때문입니다. 그래서 하나님은 다윗의 질문에 출정을 명령하셨습니다. 다윗은 하나님께 블레셋 군에 대한 두려움이 있다고 말했습니다만 하나님은 나가서 싸워 그일라 사람을 구원해 내라고 하셨습니다.

「여호와께서 다윗에게 이르시되 가서 블레셋 사람을 치고 그일라를 구원하라」(:2하)

다윗은 자신을 따르는 사람들에게 그일라 땅으로 들어가자고 했습니다. 교활한 모습으로 노략질하는 블레셋 놈들을 처리하기 위해서였습니다. 두려움이 없었습니다. 하나님께서 가라고 하신 싸움이었고 하나님이 승리를 주시겠다고 약속하셨기 때문이었습니다. 그런데 다윗을 따르는 사람들이 거부하는 겁니다. 사울 왕에게 쫓기는 신세에 무슨 그일라 사람을 돕느냐는 것이죠!

"다윗, 우리가 그일라 사람들을 돕는 것은 말도 안 되오. 유다에 꽁꽁 숨어 있어서 불안한 판에 블레셋과 싸운다면 사울 왕이 당장 쫓아올 것인데 어찌 그일라 사람을 돕는단 말이오."

「다윗의 사람들이 그에게 이르되 보소서 우리가 유다에 있기도 두렵거든 하물며 그일라에 가서 블레셋 사람의 군대를 치는 일이리이까」(:3)

하나님의 약속을 가진 사람과
약속을 가지지 못한 사람과의 차이입니다.
약속을 가지고 있는 사람은 두려움이 없습니다. 담대합니다.

미래와 결과를 알고 있기 때문입니다.

그러나 약속을 갖고 있지 않은 사람은 현실만을 바라보지요.

우린 약속을 이미 받은 사람들입니다.

성경을 보세요.

하나님이 하신 약속들, 주렁주렁 기록되어 있답니다.

그 약속 붙들고 오늘을 담대하게 사는 겁니다.

그 약속 때문에 찬송하며 신나게 살아가는 겁니다!

따르는 사람들의 반대로 인해 다윗이 주춤거렸습니다. 그러더니 다시 한 번 하나님께 기도하는 것입니다. 확실하게 하나님의 음성을 확인해야겠다는 마음이었죠.

"하나님! 당신의 뜻을 분명하게 알려 주시옵소서!"

하나님께서 말씀하셨습니다. 가라고, 그러면 승리를 얻을 것이라고.

「다윗이 여호와께 다시 묻자온대 여호와께서 대답하여 가라사대 일어나 그일라로 내려가라 내가 블레셋 사람을 네 손에 붙이리라 하신지라」(:4)

다윗이 사람들의 여론에 밀려 확인하는 기도를 했습니다만 하나님의 뜻은 여전했습니다. 두 번째 기도 후 얻은 확신으로 다윗은 흔들리지 않았습니다. 반드시 승리할 것이라고 사람들을 설득했고 격려했답니다. 하나님의 뜻이라고...

다윗의 말을 들은 사람들... 함께 그일라 땅으로 갔습니다. 형제들을 구원하기 위해 간 겁니다. 자신들의 처지가 넉넉한 상태에서 간 것 아니었습니다. 자신들이 안전해서 간 것도 아니었습니다. 형제들을 위해 간 것이고 하나님의 뜻이기에 간 거랍니다. 그일라 사람들을 위한 블레셋과의 싸움… 멋진 승리였습니다. 하나님의 도움으로 말입니다.

「다윗과 그의 사람들이 그일라로 가서 블레셋 사람과 싸워 그들을 크게 도륙하고 그들의 가축을 끌어 오니라 다윗이 이와 같이 그일라 거민을 구원하니라」(:5)

선한 일을 한다는 것…
배불렀을 때 하는 것이 아닙니다.
안전할 때 하는 것도 아닙니다.
여유가 있을 때 하는 것도 아니더라구요.
마음이 문제더라구요.
아무리 많이 가진 사람이라도
마음이 없으면 아무런 선을 베풀지 못한답니다.
아무리 안전한 사람이라도 그렇구요.
여유 있을 때를 기다리지 마세요.
할 수 있을 여건이 오기를 기다리지 마세요.
아직은 아니라고 핑계대지 마세요.
하나님의 뜻은 언제나 지금이랍니다.
힘든 지금 긍휼한 마음을 가지고 선을 행하면
할 수 있는 것이구요,
뜻밖의 선물 받게 된답니다.

「…그들의 가축을 끌어 오니라」(:5중)

❼ 삼상 23:6-14

너의 도움을 받은 사람이라도 의지하지 말라

다윗이 그일라 사람을 블레셋으로부터 구원해 낸 사건은 졸지에 그의 존재를 알리는 엄청난 사건이 되었습니다. 큰 전쟁이었으니 말입니다. 이 사건은 삽시간에 뉴스거리가 되었고 전국으로 퍼져나갔습니다. 사울 왕의 귀에는 아마도 최초로 들어갔을 것입니다. 국가적인 사건이니까요. 사실 다윗은 국가에 공을 세운 것입니다. 그런데 이 사건에 대한 사울 왕의 반응은 칭찬이나 기쁨이 아니라 다윗을 잡을 수 있는 호재(好材)로 해석을 하고 있을 뿐입니다.

「사울이 가로되 하나님이 그를 내 손에 붙이셨도다 그가 문과 문빗장이 있는 성에 들어갔으니 갇혔도다」(:7)

사울 왕은 곧바로 다윗을 잡기 위해서 다윗이 있는 그일라로 향했습니다.

다윗에게는 사울 왕이 자신을 잡기 위해 그일라로 향해 오고 있다는 정보가 귀에 들린 것입니다. 다윗의 마음이 불안했습니다. 물론 그일라를 구원하기 전에도 이런 일을 예상하고 있었습니다만 막상 사울 왕이 또 잡으러 온다고 하니 마음이 초조해졌습니다. '정말 사울 왕이 날 잡으러 오는 걸까? 그럼 난 꼼짝없이 당하는 게 아닌가? 함께 하는 이 많은 사람들은 어떻게 되는 건가?... 나와 함께 동고동락을 하는 이 형제들도 모두 잡혀 죽는단 말인가?' 그러면서도 그일라 사람들을 생각했습니다. '자신들의 생명을 구원해 주었는데 그일라 사람들이 사울의 칼로부터 나를 지켜줄 거야. 사람이라면 도리가 있는 법... 그일라 사람들이 틀림없이 지켜줄 거야! 그런데 혹시... 날 사울 왕에게 넘겨줄지도 몰라... 아니야 그럴 리가 있겠어?' 다윗의 마음은 갈피를 못 잡고 있습니다.

그러나 다윗이 광야학교를 통해서 배운 것이 있었습니다. 하나님을 의지하는 거였습니다. 그래서 하나님께 엎드려 기도했답니다. 하나님께 묻는 것입니다.

제사장 아비아달을 불렀습니다. 그리고 사울이 제사장들을 학살할 때 도망 나오면서 갖고 나온 에봇을 가지고 오게 했습니다. 그리고 나서 정성스런 모습으로 제사장 아비아달과 함께 이 위급한 상황을 하나님께 아뢰었답니다.

「다윗이 가로되 이스라엘 하나님 여호와여 사울이 나의 연고로 이 성을 멸하려고 그일라로 내려오기를 꾀한다 함을 주의 종이 분명히 들었나이다 그일라 사람들이 나를 그의 손에 붙이겠나이까 주의 종의 들은 대로 사울이 내려오겠나이까 이스라엘의 하나님 여호와여 원컨대 주의 종에게 일러 주옵소서」 (:10–11)

하나님의 응답이 있었습니다. 사울 왕이 군사를 이끌고 온다는 것입니다.

사울 왕이 온다? 그래도 다윗은 한 가닥 믿는 구석이 있었습니다. 그일라 사람들입니다. 그일라 사람들이 자신을 숨겨주면 되는 겁니다. 아니 반드시 그럴 것이라고 믿고 있었습니다.

다윗은 그일라 사람들에게 큰 은혜를 베풀었었잖아요. 그래서 사울 왕이 자신을 잡으러 온다 해도 그일라 사람들이 자신을 보호해 줄 것으로 당연히 믿고 있었던 겁니다. 그일라 사람들이 방패막이 되어줄 줄 알고 있었습니다. 은혜를 받았으니 다윗을 보호해 주는 것은 당연한 것입니다. 게다가 다윗은 그일라 사람의 혈족인 유다 사람입니다. 베냐민 지파 왕에게 형제인 다윗을 내어 줄 이유가 없는 거지요. 하여간 그일라 사람들이 다윗을 사울에게 내어 준다는 것은 있을 수 없는 상식적인 일입니다. 그렇기에 다윗은 사울 왕의 내려오는 것에 대한 대책을 세우지 않을 수도 있는 것이지요.

그일라 사람을 믿었습니다만… 그러다가 혹시 하면서 하나님께 물었습니다. 그일라 사람들의 태도가 어떨지를 말입니다. 다윗이 광야 학교에서 「배운 그것!」이었습니다. 아무리 확실한 것이라도 하나님께 물어야 한다는 거 말입니다! 그래서 기도했답니다. 그랬더니… 이게 왠 말입니까? 그일라 사람들이 다윗을 돕기는커녕 사울 왕에게 넘겨줄 것이라는 하나님의 말씀이었습니다.

「다윗이 가로되 그일라 사람들이 나와 내 사람들을 사울의 손에 붙이겠나이까 여호와께서 가라사대 그들이 너를 붙이리라」(:12)

기가 막힌 일입니다!

다윗은 또 배웠습니다.
인간이 이런 존재임을…
내가 은혜를 베풀었다고 해서
그 사람이 나를 보호해 주지 않는다는 것을…
사람에게 기대하지 말아야 함을 배운 겁니다.

단지 사람에게는 사랑을 베풀고 은혜를 베풀 뿐이지
어느 것도 기대해서는 안 된다는 것을 배운 것입니다.

그일라 사람들에게 섭섭했을 것입니다.
아니 배신당할 것이라니 얼마나 분했겠습니까?
그러나 섭섭해 할 필요가 없습니다.
인간은 원래 그런 존재이기 때문입니다.
변하지 않는 것 그리고 끝까지 의지할 것은 하나님뿐임을 느끼며
다윗은 정처 없이 떠납니다.

「그일라를 떠나서 갈 수 있는 곳으로 갔더니…」(:13중)

우리는 종종 배신당함으로 인해 괴로워합니다.
정말 믿었던 사람에게서 배신을 당할 때 얼마나 고통스러운지요.
그러나 미리 그런 기대를 포기하고 사는 것이 지혜입니다.
사람은 믿을 존재가 아니라
사랑해 주어야 할 존재이기 때문입니다.

사울의 다윗 추적은 집요했습니다. 이해할 만합니다. 자신의 왕권이 걸려 있는 일이니 그렇지 않겠습니까?

그리고 다윗의 사람들이 400명에서 600명으로 늘어났다는 소리를 들었을 때 사울의 위기감은 더했을 것입니다.

다윗의 세력이 더 커지기 전에 빨리 찾아내서 제거해야 했습니다.

그래서 그는 매일 다윗 찾기에 분주했습니다. 그러나 성경은 기막힌 말을 기록하고 있습니다.

「사울이 매일 찾되 하나님이 그를 그의 손에 붙이지 아니하시니라」(:14)

인생은 내 마음대로 되는 게 아닙니다.
하나님 마음대로 입니다.
다윗은 광야를 헤매고 다니는 동안 이것을 배우고 있었습니다.

❽ 삼상 23:15-18

뜻밖의 사람

좁은 유다 땅에서 사울 왕의 그물망을 빠져 도망 다닌다는 것은 쉬운 일이 아니었습니다. 더구나 함께 데리고 다녀야 하는 600여 명의 사람들이 있으니 다윗의 고통이 얼마나 컸겠습니까? 이 날도 가까이 와 있는 사울 군대의 추적을 피해 십 황무지에 꼭꼭 숨어 있어야 했습니다. 숨막히는 시간들이었습니다. 다윗은 지도자로서 책임이 막중하여 어깨가 더욱 무거웠고 매우 지쳐있었습니다. 그러나 누구와도 이야기할 수 없는 것이 다윗의 심정이었습니다. 이것이 다윗의 고독입니다.

「다윗이 사울의 자기 생명을 찾으려고 나온 것을 보았으므로 그가 십 황무지 수풀에 있었더니」(:15)

그런데 사울 왕에게 들키지 않기 위해 몸을 숨기고 있을 때에 숨을 헐떡거리면서 갑자기 다윗에게 한 사람이 나타났습니다. 처음에는 그 사람이 사울 왕이 보낸 군사인 줄 알고 놀라기도 했습니다. 그런데 그게 아닌 것입니다. 어디서 많이 본 얼굴입니다. '누굴까?' 생각해 보았습니다. 그러나 그가 누구인지를 알아보는 것은 많은 시간이 필요하지 않았습니다. 수염은 길어 얼굴이 변했습니다만 그의 눈동자는 변하지 않았습니다. 그는 꿈에도 그리던 고마운 왕자 요나단이었습니다. 둘은 얼싸 안고 서로 얼굴을 비볐습니다. 확인하고 또 확인했습니다. 요나단이 더 이상 지체할 수 없었는지 한 마디하고 일어섭니다.

"다윗, 하나님을 의지하게!"

"다윗, 하나님만을 의지하게!"

지칠대로 지쳐 있는 다윗에게 천사가 나타난 것 같았습니다. 다윗의 몸 속에 있는 피곤함과 힘겨움의 노폐물들이 한꺼번에 씻겨 내려가는 것 같았습니다. 친구 요나단은 뒤돌아 가기 전에 웃으면서 말했습니다.

"이보게 다윗, 내 아버지가 자네를 찾아다니고 있네만 결코 자네를 잡지 못할거야! 아무 걱정하지 말게나. 내가 확신하노니 자네가 이스라엘 왕이 될 때가 곧 올거구먼. 그때 날 자네 다음 자리에 앉히게나. 아마 그렇게 될 것을 내 아버지도 알걸세!"

> 「두려워 말라 내 부친 사울의 손이 네게 미치지 못할 것이요 너는 이스라엘 왕이 되고 나는 네 다음이 될 것을 내 부친 사울도 안다」(:17)

듣기 민망한 말이었습니다. 그러나 요나단의 얼굴에 밝은 미소는 다윗에 대한 사랑과 다윗을 왕으로 삼으려는 진심이 있었습니다. 다윗의 손을 잡은 요나단은 변함없이 다윗에게 감동을 주고 있었습니다. 요나단은 다윗의 손을… 한번 더 꼭 잡고 뒤돌아보며… 숲을 빠져나갔습니다. 그런데 슬프게도 이것이 마지막 만남이라는 것을 하나님만이 알고 계셨답니다.

「두 사람이 여호와 앞에서 언약하고 다윗은 수풀에 거하고 요나단은 자기 집으로 돌아가니라」(:18)

지칠 때가 있습니다.
영혼도 정신도 그리고 몸도 지칠 때가 있습니다.
하나님을 향한 믿음이 없어서가 아닙니다.
하나님을 신뢰하지 않기 때문도 아닙니다.
하나님을 신뢰하고 하나님을 향한 믿음이 있지만
지칠 때가 있습니다.
지쳐있다는 것은 부끄러운 것이 아닙니다.
지쳐있다는 것이 죄악은 더욱 아닙니다.
사람은 지칠 때가 있습니다.
그 때를 괴로워하지 마십시오.
인내해야 합니다.
우리의 힘이 벅찰 때가 되면
하나님이 뜻밖의 사람을 보내실 때가 있습니다.
그 사람은 한 여름의 냉수와 같은 역할을 할 사람입니다.
요나단과 같은 사람이 새 힘을 주기 위해 나타날 것입니다.
그 사람은 하나님이 준비한 천사입니다.

9 삼상 23:19-23

까닭 없이 아픔을 주는 사람들

'십' 이라는 지방은 다윗에게 힘을 실어 준 땅이기도 하고 실망을 안겨 준 땅이기도 합니다. 다윗의 도망 생활은 쉽지 않았습니다. 혼자의 몸을 숨기는 것도 쉽지 않은 일인데 600여 명의 사람들과 함께 다니자니 여간 어려운 일이 아니었습니다. 말이 600명일뿐입니다. 600명이란 숫자는 고대의 전통에 따르면 장정 남자만을 의미합니다. 그렇다면 600명이 아내를 한 명씩 두었다면 1,200명이고 자녀를 한 명씩만 두었다고 가정한다 해도 1,800명이란 숫자가 계산됩니다. 그리고 많지 않아도 재산도 있었을 것입니다. 이 무리들을 이끌고 사울 왕의 추적을 피하기란 쉽지 않았을 겁니다. 다윗은 이런 일 저런 일로 무척이나 지쳐 있었습니다. 그러나 아무리 힘들고 지쳤다 하더라도 어떤 계기는 힘든 인생에 활력을 넣어 줍니다. 지친 인생에 새 힘을 실어 줍니다. 지친 다윗에게 기대하지 못한 활력은 십에 갑자기 나타난 요나단이었습니다. 십에서의 요나단과의 만남은 가장 큰 은혜 가운데 하나였습니다.

그 즈음에 다윗을 사울 왕에게 밀고(密告)하는 사람들이 있었습니다. 십 사람들이었습니다. 가만히 있어도 될 십 사람들은 적극적으로 다윗을 고발합니다. 이것이 다윗의 마음을 더욱 아프게 했답니다. 십 사람들은 다윗이 속한 유다 사람들입니다. 다른 말로 하면 형제들이라는 말입니다. 그런데 이들은 다윗을 고발하면서 사울 왕에게 말하기를 다윗을 사울에게 넘겨주는 것이 자신들의 의무라고 말합니다.

「그를 왕의 손에 붙일 것이 우리의 의무니이다」(:20하)

권력에 아부하는 사람들…
혜택을 조금 더 받겠다고, 얼마 간 조금 더 편하게 지내자고…
죄 없는 형제를 밀고(密告)하네요, 악한 사람에게 아부하네요.
우리는 그렇게 살지 맙시다.
강한 자냐, 악한 자냐의 문제가 아니라
옳고 그름을 판단할 수 있는 용기가 있어야 한답니다!

다윗은 기가 막혔습니다. 아무런 이유도 없이 자신을 사울 왕에게 넘겨주려는 십 사람들을 이해할 수가 없었습니다. 형제의 땅에 거하는 것이 안전이 아님을 배우기 시작했습니다. 의지할 사람도 안전한 장소도 없었습니다. 다윗은 고통스러웠습니다. 그러나 그 상황 속에서 그의 마음 깊은 곳에서는 하나님을 의지하는 평안함이 솟구치고 있었습니다. 그러면서... 억울하고 섭섭한 가운데서 시를 한 수 썼습니다.

「하나님이여 주의 이름으로 나를 구원하시고 주의 힘으로 나를 판단하소서 하나님이여 내 기도를 들으시며 내 입의 말에 귀를 기울이소서 외인이 일어나 나를 치며 강포(强暴)한 자가 내 생명을 수색(搜索)하며 하나님을 자기 앞에 두지 아니하였음이니이다(셀라) 하나님은 나의 돕는 자시라 주께서 내 생명을 붙드는 자와 함께 하시나이다 주께서 내 원수에게 악으로 갚으시리니 주의 성실(誠實)하심으로 저희를 멸하소서 내가 낙헌제(樂獻祭)로 주께 제사하리이다 여호와여 주의 이름에 감사하오리니 주의 이름이 선하심이니이다 대저 주께서 모든 환난에서 나를 건지시고 내 원수가 보응(報應) 받는 것을 나로 목도(目睹)케 하셨나이다」(시 54:1-7)

십 사람들의 다윗 고발은 사울 왕에게는 새로운 힘(?)이 되었을 것입니다. 사울 왕은 신이 났습니다. 다른 사람들이 아닌 다윗의 형제들이 다윗 체포에 적극적으로 협력을 하고 있으니 말입니다. 얼마나 기뻤던지 사울 왕은 십 사람들에게 축복을 합니다.

「사울이 가로되 너희가 나를 긍휼히 여겼으니 여호와께 복 받기를 원하노라」(:21)

사람들은 자신에게 이로우면 옳다고 생각합니다.
그런데 그렇지 않습니다.
나에게 "잘해주는 것"과 "옳은 것"하고는 별개의 문제입니다.
옳은 것에 대한 기준은 하나님입니다.
나를 기분 좋게 해주는 것에 대한 기준은 자신입니다.
인간은 타락 이후 이 기준을 잃어버렸습니다.
타락 이전에는 모든 기준이 하나님이었습니다만
타락과 더불어 기준이 자신이 되어 버린 것입니다.
사울 왕이 지금 그렇습니다.
그래서 자신에게 잘해주는 십 사람들에게
여호와의 이름으로 복을 비는 것입니다.
그러나 하나님의 기준으로 볼 때 십 사람들은 옳지 않습니다.
그러니 사울의 복 빎이 무용(無用)한 것이지요.

사울 왕은 온통 다윗 잡기에만 관심이 있을 뿐입니다. 백성들의 안녕과 국가에 대해서는 관심이 없습니다. 사람 미워하는 것에만 관심이 쏠려 있는 것이지요. 그는 사람들에게 말했습니다.

「혹이 내게 말하기를 그가 심히 공교히 행동한다 하나니 너희는 가서 더 자세히 살펴서 그가 어디 은적하였으며 누가 거기서 그를 보았는지 알아보고 그가 숨어 있는 모든 곳을 탐지하고 실상을 내게 회보하라 내가 너희와 함께 가리니 그가 이 땅에 있으면 유다 천천인 중에서 그를 찾아내리라」(:22-23)

우린 어떤 것에 목숨 걸고 있나요?

사람 죽이는 것?... 사울처럼 말이에요.

아니겠죠?

우리 모두는 사람을 사랑하는 것...

주님 기뻐하시는 일 하는 것...

사람 살려내는 것...

하나 밖에 없는 우리 목숨을 걸자구요.

그런 사람, 아름다운 사람이구요

그런 사람이 복 있는 사람이랍니다.

⑩ 삼상 23:24-29

사울의 추격과 하나님의 개입

다윗과 그의 사람들이 마온 황무지 아라바라고 하는 곳에 자리를 잡고 있었습니다. 유다 땅이기에 안전하다고 생각했습니다. 그런데 사울 왕이 어떻게 알았는지 또 추격해 오고 있다는 정보를 들은겁니다. 다윗은 정말 다급해졌습니다. 다윗은 수많은 사람을 데리고 이편 산으로 옮겨갑니다. 다윗의 움직임의 정보를 들은 사울 왕은 군사를 끌고 다윗을 따라 갑니다. 사울 왕의 군사가 따라 온다는 정보를 들으면 다윗은 또 도망갑니다. 다윗이 얼마나 촉급했는지 모릅니다. 그런데 이번에는 사울 왕의 다윗 추격이 토끼 모는 것처럼 궁지로 모는 겁니다. 다른 쪽에 군사를 숨겨 놓고 사울 왕은 반대쪽에서 나타나 다윗을 좇는 거였죠. 다윗이 사울 왕을 피해 반대쪽으로 달아나면 덫에 걸리게 되는 것입니다. 안타깝게도 다윗은 이걸 모르고 있었답니다.

> 「사울이 산 이편으로 가매 다윗과 그의 사람들은 산 저편으로 가며 다윗이 사울을 두려워하여 급히 피하려 하였으니 이는 사울과 그의 사람들이 다윗과 그의 사람들을 에워싸고 잡으려 함이었더라」(:26)

사울 왕이 비밀스럽게 쳐 놓은 그물... 사울 왕이 교묘하게 만들어 놓은 함정... 그 속으로 다윗은 들어가고 있었답니다. 도망가는 다윗은 허둥댈 수밖에 없었구요, 사울 왕은 음산한 미소를 지으며 다윗을 따라가고 있었습니다. 얼마 후에 반대편에 쳐 놓은 그물에 걸려들 것을 생각하면서 말입니다.

그러나 하나님께서 가만히 계시지 않았습니다. 아무 것도 모르면서 도망가고 있는 다윗을 보고만 계시지 않으셨습니다. 하나님은 침묵하지 않으십니다. 하나님만을 바라보고 있는 사람을 보시면서 고통스러워하는 인간을 보시면서 구경만 하시는 분이 아니십니다. 더 이상 다윗이 아무 것도 할 수 없을 때 하나님이 나서신 것입니다.

음흉한 미소로 다윗을 좇고 있는데 전령 하나가 숨을 헐떡거리며 달려와서 사울 왕 앞에 무릎을 꿇었습니다. 그러더니 숨 넘어 가는 소리로 말하는 것입니다.

"전하, 큰 일 났습니다. 전쟁입니다. 블레셋 대군이 우리나라를 쳐들어오고 있습니다.

뜻밖의 전쟁 소식이 다윗을 쫓는 사울 왕에게 들려 온 것입니다.

「사자가… 가로되 급히 오소서 블레셋 사람이 땅을 침노하나이다」(:27)

사울 왕은 얼마나 화가 났는지요. 신하에게 말했습니다.

"이 놈아, 조금만 버티라고 해라!"

"전하, 안됩니다. 지금 전하가 없으면 백성이 쑥밭이 되고 맙니다. 다윗은 나중 문제입니다. 나라를 먼저 살리셔야 합니다. 얼른 궁으로 돌아가셔야 합니다!"

「사자가 사울에게 와서 가로되 급히 오소서 블레셋 사람이 땅을 침노하나이다 이에 사울이 다윗 쫓기를 그치고 돌아와서 블레셋 사람을 치러 갔으므로 그 곳을 셀라하마느곳이라 칭하니라」(:27-28)

다윗이 사울 왕을 따돌린 것이 아닙니다.

다윗이 한 일은 흐름을 따라 가면서 하나님을 바라 본 것뿐입니다.

다윗도 예측 못한 일이었습니다.

사울 왕도 이런 일이 벌어질 줄은 생각도 못했습니다.

역사는 하나님이 만들어 가시는 것입니다.

「내가 여호와를 기다리고 기다렸더니 귀를 기울이사 나의 부르짖음을 들으셨도다 나를 기가 막힐 웅덩이와 수렁에서 끌어올리시고 내 발을 반석 위에 두사 내 걸음을 견고케 하셨도다」(시 40:1-2)

우리 인생…

사탄이 만들어 놓은 웅덩이가 어디 있는지 모르고 살아갑니다.

원수가 어디에 그물을 쳐 놓았는지 모르고 살아갑니다.

그러나 걱정마세요.

우리 아버지 하나님께서 우리의 구원자 되시기 때문이랍니다!

정신 없이 도망가던 다윗… 사울 왕의 추격이 갑자기 돌아서는 것을 보고 신기했습니다. 너무도 신기하고… 감사하기도 했습니다. 피곤하고 지치고 아무런 대책이 없었는데… 하나님께서 사울 왕의 쫓기를 그치게 하신 것입니다. 그래서… 그 감격으로 그 장소를 "셀라하마느곳"이라고 이름 했습니다. '분리하는 바위' 라는 뜻입니다.

광야는 다윗이 태어난 곳이 아닙니다.

광야는 다윗이 죽을 곳도 아닙니다.

광야를 향해 다윗이 스스로 가지도 않았습니다.

하나님께서 다윗을 광야로 몰아내셨을 뿐입니다.

그곳에서 하나님의 마음에 합한 사람으로 만드실 작정이셨습니다.

우쭐대지 않는 사람으로

가족을 의지하거나 힘 있는 사람을 의지하거나

아니면 친구를 의지하지 않도록…
그리고 자기 자신을 의지하지 않고…
오직 하나님만을 의지하면서 사는 사람,
하나님의 마음에 합한 사람으로 만드시기 위해서
광야로 몰아내신 것입니다.

하나님은 지금도 우리를 광야로 몰아내십니다.
우리는 광야로 가는 것을 싫어합니다.
왜냐하면 그곳에는 아픔과 고통,
그리고 고독이 있기 때문입니다.
그러나 그곳으로 하나님이 보내실 때 힘들지만 감사하십시오.
감사할 수 없거든 원망은 하지 마십시오.
그리고 기다려 보십시오.
하나님은 우리로 하여금
어쩔 수 없이 하나님만을 의지할 수밖에 없도록
만드실 것입니다.
지치고 쓰러질 때도 있을 것입니다.
포기하고 싶을 때도 찾아올 것입니다.
그러나 기다리십시오.
마지막 쓰러지기 직전에 "셀라하마느곳"이란 말로
하나님의 개입하심을 간증하게 될 것입니다.

>> 열 번째 이야기 삼상 24-26장

거목이 되기 위하여

아주 긴박한 상황이었습니다. 사울의 추적은 다윗을 정말 피곤하게 만들었습니다. 급기야는 토끼를 잡기 위하여 에워싼 모습으로 사울과 그의 군사들은 다윗을 에워싼 절박한 상태까지 온 겁니다. 그러한 상황 가운데 블레셋의 침입이란 것으로 하나님이 개입하신 것이지요. 쫓아오던 사울 왕은 무척이나 신경질이 났을 겁니다. 다잡은 토끼(?)를 코앞에 두고 돌아서야 했으니 말이죠. 다윗은 하나님의 개입하심인 것을 감지할 수 있었습니다. 아쉬움으로 돌아가는 사울 왕의 모습을 보면서 다윗의 가슴은 하나님께 감사하고 있었답 니다. 사울이 블레셋 사람들의 침략을 막기 위하여 돌아가자 다윗과 그의 사람들은 피신 장소를 옮기기 위하여 급박하게 움직였습니다. 주변 사람들과 더불어 사울 왕이 보낸 사람들로 하여금 발견하지 못할 장소를 찾은 겁니다. 가장 적합한 장소를 찾았습니다. 아주 좋았습니다. 마치 하나님께서 준비해 놓으신 비밀스런 안식처 같았습니다. 야생 염소들이 많이 놀고 있었구요 또 마실

❶ 삼상 24:1-7
엔게디 굴 사건

아주 긴박한 상황이었습니다. 사울의 추적은 다윗을 정말 피곤하게 만들었습니다. 급기야는 토끼를 잡기 위하여 에워싼 모습으로 사울과 그의 군사들은 다윗을 절박한 상태까지 몰고 온 것입니다. 그러한 상황 가운데 블레셋의 침입이란 것으로 하나님이 개입하신 것이지요. 쫓아오던 사울 왕은 무척이나 신경질이 났을 겁니다. 다잡은 토끼(?)를 코앞에 두고 돌아서야 했으니까요.

다윗은 또 한 번 하나님의 개입하심을 감지할 수 있었습니다. 아쉬움으로 돌아가는 사울 왕의 모습을 보면서 말입니다. 다윗은 하나님께 감사하고 있었답니다.

사울이 블레셋 사람들의 침략을 막기 위하여 돌아가자 다윗과 그의 사람들은 피신 장소를 옮기기 위하여 급박하게 움직였습니다. 주변 사람들과 더불어 사울 왕이 보낸 사람들이 찾아내지 못할 장소를 발견 했습니다. 가장 적합한 장소를 찾았습니다. 마치 하나님께서 준비해 놓으신 비밀스런 안식처 같았습니다. 야생 염소들이 많이 놀고 있었구요, 또 마실 수 있는 물, 샘도 있었습니다. 기가 막힌 것은 숨을 수 있는 크고 작은 동굴이 상당히 많다는 것이었습니다. 이 곳 이름은 「엔게디」였습니다. 정말 숨어 살기에는 너무나 좋은 지역이었습니다.

다윗과 함께 한 사람들은 몇몇씩 짝을 지어 적당한 동굴을 택해 몸을 숨겼습니다. 다윗도 몇 사람과 함께 한 굴을 택해서 들어갔습니다. 계속되는 쫓김 그리고 그에 따른 피곤으로 인해 모두들 지쳐 있었습니다. 그래서 안전한 굴에서의 쉼은 정말 보약이었습니다. 다윗도 깊이 들어가 오랜만에 편안히 쉬고 있었습니다. 안식이었다고나 할까요 …

「사울이 블레셋 사람을 따르다가 돌아오매 혹이 그에게 고하여 가로되 보소서 다윗이 엔게디 황무지에 있더이다」(:1)

다윗의 생각이 복잡합니다. 언제까지 이렇게 도망 다녀야 하는지 미래가 보이질 않는 겁니다. 굴 깊은 곳에 함께 있는 사람들도 많이 지쳐 있었습니다. 다윗 혼자만 쫓기는 신세가 아니었거든요. 지금 함께 하고 있는 모든 사람들이 사울 왕에게는 나쁜 놈들로 낙인이 찍혔기 때문에 모두가 쫓기는 신세였습니다. 다윗은 정권을 탈취할 놈이기에 나쁜 놈이고 다른 사람들은 정부의 말을 듣지 않은 사람들이기에 나쁜 놈들이었습니다. 사울 왕은 우선 다윗을 잡아 죽여야 하는 것이고 다윗을 처리한 후에는 이 악당들도 잡아 들일 것이 뻔했습니다.

모두가 쫓기는 사람들 ... 사울 왕에 대한 감정 ... 정말 폭발 직전이었답니다. 사람들이 들어간 굴마다 사울 왕에 대한 원한과 분함으로 메아리치고 있었습니다. 미친놈을 왕으로 삼은 이스라엘이 불쌍하다고들 말하고 있었겠죠.

굴 속에서 여러 날을 지냈습니다. 사람들은 지루해 합니다. 할 일도 없고 갈 곳도 없고 먹을 식량도 바닥 나고 있습니다. 그렇다고 희망스런 내일이 있는 것도 아닙니다. 시간이 흐를수록 사람들은 사울 왕에 대한 분개가 더 커지고 있을 뿐이었습니다.

그 날도 사람들은 굴속에서 혹은 굴 어귀에서 빈정거리면서 사울 왕에 대한 분통터지는 말들을 쏟아놓고 있었습니다. 그런데 ... 밖에서 시끌거리는 소리가 들려 왔습니다. 굴 깊은 곳에서 다윗과 함께 있던 사람 중에 한 사람이 무슨 일인가를 알아보기 위해 굴 어귀까지 나갔습니다. 그런데 이게 웬일입니까? 큰일 났습니다. 사울 왕과 그의 군사들이 몰려오고 있는 것입니다. 다윗과 자신들이 이 곳 엔게디에 숨어 있다는 것을 누군가가 사울 왕에게 알려 준 것이 틀림없었습니다. 몰려 온 군사는 적은 숫자가 아니었습니다. 족히 3,000명은 될 듯했습니다.

「사울이 온 이스라엘에서 택한 사람 삼천을 거느리고 다윗과 그의 사람들을 찾으러 들 염소 바위로 갈새」(:2)

이 광경을 본 사람은 허겁지겁 굴 깊은 곳에 들어갔습니다. 그리고 다윗과 모여 있는 사람들에게 이 상황을 이야기했습니다. 군사들이 몰려올 것이라고 예견하지 못했기에 상황을 듣자 초조했습니다. 다윗과 사람들은 다른 굴속에 숨어 있는 사람들에 대한 걱정이 생겼습니다. 그런데 굴 어귀 가까이서 사람들의 소리가 났습니다. 그 소리는 조사해 볼 필요도 없을 만큼 다윗과 주위 사람들의 간담을 서늘하게 했습니다. 왕을 호위하는 신하들이 사용하는 경어(敬語)들이 들려왔기 때문에 사울 왕과 그의 신하들이 굴 어귀에 와 있다는 것을 짐작하는 것은 어렵지 않았습니다!

다윗과 악당들(?)을 쫓기 위해 사울 왕은 3,000명의 군사를 데리고 입수된 정보를 따라 이곳 엔게디 요새에 나타난 것입니다. 수많은 굴들 가운데 어느 굴부터 뒤져야 할지 몰랐습니다만 오늘은 반드시 찾아내겠다는 의지가 대단했습니다.

그런데 군사를 지휘하던 사울 왕에게 문제가 생겼습니다. 갑자기 아랫배가 살살 아프더니 도저히 참을 수가 없었습니다. '대변' 말입니다. (왕도 싸야 하는 것은 보통 사람과 똑같은가 봅니다.) 이 황량한 곳에 화장실은 없고 그렇다고 아무 곳에서나 옷을 벗고 일(?)을 볼 수는 없는 일이고, 신하들을 시켜서 급히 몸을 숨기고 볼 일을 볼 수 있는 곳을 찾으라고 했습니다. 그래서 신하들이 급히 한 굴을 찾은 겁니다. 왕께서 볼 일을 보아야겠기에 신하들은 굴속에는 들어오지 못하고 밖에서 기다리고 있었습니다. 그런데 급히 찾아 들어간 곳이 하필이면 다윗이 들어가 있는 굴이었던 것입니다!

「길가 양의 우리에 이른즉 굴이 있는지라 사울이 그 발을 가리우러 들어가니라 다윗과 그의 사람들이 그 굴 깊은 곳에 있더니」(:3)

다윗이 있는 굴 어귀는 시끄러웠습니다. 사울 왕은 볼 일을 보기 위해서 혼자 들어 왔습니다만, 다윗과 그 안에 있는 사람들에게는 굴 어귀에서 들리는 사람들의 말 소리가 울려서 시끄러웠던 것이죠.

다윗은 왕과 그의 신하들이 굴속에 들어 왔을 것이라고 짐작하고 있었습니다. 왜 들어 왔는지 얼마나 오래 있다가 갈 것인지 아니면 자신들이 있는 깊은 곳까지 오면 어떻게 하나 걱정하면서 긴장과 초조함, 불안과 공포로 숨을 죽이고 있었답니다. 굴 속 깊은 곳의 사람들은 쥐 죽은 듯이 조용했습니다. 혹시나 떠들다가 들키면 지금까지의 피해 다님이 헛수고였기 때문입니다. 굴 어귀는 이상하게도 조용했습니다. 작게 들리는 사람들의 소리는 굴 밖에서의 소리임을 알 수 있었습니다.

그런데 굴 깊은 곳으로 이상한 냄새가 흘러 들어왔습니다. 배고픈 사람들은 냄새에 민감합니다. 들녘 꽃들의 향기가 아닙니다. 왕을 대접하기 위한 맛있는 스테이크를 굽는 냄새도 아닙니다. 그 냄새는 똥 냄새였습니다. 냄새와 더불어 방귀 소리도 간간히 들렸고 힘주는 소리도 들렸습니다. 똥 냄새가 좋지는 않았습니다만 그 냄새가 다윗과 사람들을 즐겁게(?) 했습니다. 다윗의 사람들은 냄새를 따라 갔습니다. 폭군 사울이 군장을 완전히 풀고 옷을 내리고 앉아서 똥을 싸고 있었습니다. 밖을 쳐다보면서 말입니다.

사람들은 흥분했습니다. 사울 왕을 단숨에 제거할 수 있는 절호의 기회였습니다. 그는 혼자입니다. 칼도 창도 방패도 없습니다. 옷을 벗고 볼일을 보는 중입니다. 그 옆에는 아무도 없습니다. 두 번 내려칠 필요도 없을 정도로 그를 단번에 죽일 수 있는 상황입니다. 사람들 생각은 하나님이 다윗에게 준 절호의 찬스라는 것입니다. 그 많은 굴 가운데 하필이면 다윗이 있는 굴로 들어 온 겁니다. 그래서 흥분을 삭이지 못하고 사울 왕의 귀에 들리지 않도록 속삭이면서 이렇게 말했습니다.

"다윗, 하나님께서 우리 편이십니다! 우리의 원수를 눈 앞에 두셨습니다. 지금이 사울을 제거할 기회입니다!"

「보소서 여호와께서 당신에게 이르시기를 내가 원수를 네 손에 붙이리니 네 소견에 선한대로 그에게 행하라 하시더니 이것이 그 날이니이다!」(:4)

이 말을 들은 다윗은 침묵합니다. 죽이라는 사인을 해야 하는데 가만히 있을 뿐입니다. 그런데 아무런 말을 하지 않던 다윗이 자신이 차고 있던 단검을 뽑아들었습니다. 사람들은 다윗이 직접 사울 왕을 제거하려는 줄 알고 긴장하고 있었습니다. 다윗이 볼 일을 보고 있는 사울 왕에게로 살금살금 기어가서 벗어 놓은 왕복(王服) 가까이까지 갔습니다. 그러더니 손에 든 칼로 옷자락을 조심스럽게 벱니다. 그리고 돌아와서는 사람들에게 굴 속으로 들어갈 것을 머리로 사인을 하고는 먼저 들어갑니다.

「다윗이 일어나서 사울의 겉옷자락을 가만히 베니라」(:4)

사람들은 황당했습니다. 원수를 단번에 죽일 수 있는 기회인데… 사람들은 무척 화가 났습니다. 하나님이 주신 기회를 놓친 것에 대해 분했습니다. 사람들의 표정이 어두웠습니다. 지금이라도 당장에 나가서 자신들이 사울 왕을 제거하겠다는 표정들이었습니다. 사람들의 말을 듣고 있는 다윗의 마음은 고통스러웠습니다.

「그리한 후에 사울의 옷자락 벰을 인하여 다윗의 마음이 찔려」(:5)

다윗의 고통은 왕의 옷에 흠집을 낸 것 때문이었습니다.
살려 주려면 … 가만히 볼 일만 보고 나가게 하면 될 것을
"옷을 베어 죽일 수 있었음에도 불구하고 죽이지 않았다"는
'자기 의를 과시하기 위한 옷 벰이 아닌가'
하는 생각 때문이었습니다.
아직도 자신 속에 순수함이 없음을
다윗은 괴로워하고 있는 겁니다.

사람에겐 선한 일을 하면서 선함을 보이고 싶어 하는
숨겨진 교만이 있지요.
도와주면서도 도와 줬다는 흔적을 남기고 싶어 한다는 말입니다.
우리의 의 …
그것 아무 것도 아닌데 왜 그렇게 내 속 깊은 곳에서
드러내 보이고 싶어 하는지 …
순수함이 없는 내 마음 … 때문에 고통스러운 겁니다.

사람들은 다윗에게 사울 왕 죽일 것을 강하게 제안했습니다. 그러나 다윗은 허락하지 않았습니다. 오히려 왜 사울 왕을 죽이면 안 되는지를 말했고 또 설득했습니다.

「내가 손을 들어 여호와의 기름부음을 받은 내 주를 치는 것은 여호와의 금하시는 것이니」(:6중)

「이 말로 자기 사람들을 금하여…해하지 못하게…」(:7)

사울 왕 … 잘못을 했습니다.
그리고 그는 나쁜 사람입니다.
다윗과 사람들에게만이 아니라

「금(禁)하여」

NIV는 "rebuke"(야단치다)라고 번역했습니다.
NASB는 "persuade"(설득하다)라고 번역했습니다.

하나님께도 잘못을 한 사람입니다.

그러나 그를 바로 잡는 일

그리고 그를 처벌하는 일은 다윗의 일이 아니었습니다.

그것은 하나님의 일입니다.

「내 사랑하는 자들아 너희가 친히 원수를 갚지 말고 진노하심에 맡기라 기록되었으되 원수 갚는 것이 내게 있으니 내가 갚으리라고 주께서 말씀하시니라」(롬 12:19)

다윗도 보복하고 싶은 마음이 있었겠지요.

그러나 그 유혹을

하나님을 철저하게 신뢰하는 집중력으로 이겨냈습니다.

우리들도 보복하려는 유혹이 있습니다.

그러나 조금만 기다립시다.

하나님께서 처분해 주시기를 기다리십시다.

다윗의 만류로 인해

사람들은 아쉬웠지만 사울 왕 살해 계획을 포기했습니다.

그러면서도 여러 가지 생각을 했답니다.

원수를 죽이지 않는 다윗의 성품에 대해서 …

하나님을 존중하는 사람… 다윗 …

그것이 사람들에게 감동을 준 겁니다.

우리들의 삶 속에서도 사람들에게 감동을 주면서 살아야지요.

감동 주려는 의식을 버리구요.

(감동 주려는 의식은 위선이기 때문입니다.)
하나님을 깊이 사랑하는 삶을 살아보세요.
사람들이 감동하지 않을까요?
아니 감동 받게 되어 있답니다!

굴속에서 다윗과 사람들이 아주 조용히
아니 몸짓으로만 이야기를 하고 있는데
사울 왕이 다시 옷을 입고
무장을 하는 소리가 들리는 것 같았습니다.
확인을 하기 위해서 아주 조심스럽게 지켜보았더니
생각했던 것처럼 일을 끝내고 나가는 거였습니다.
「…사울이 일어나 굴에서 나가 자기 길을 가니라」(:7하)

❷ 삼상 24:8-15

주여,
어떻게 여기까지 이르렀습니까?

볼 일을 끝낸 사울 왕은 얼마나 시원했겠는지요. 점잖은 자세로 옷이 찢어진 것도 모르고 굴 밖으로 나갔습니다. 밖에 있던 신하들은 볼 일을 끝내고 나오는 왕에게 멋진 칼을 드리고 다시 지휘부 쪽으로 모셨습니다.

사울 왕이 자기 군인들이 있는 진영에 가까이 갔을 때입니다. 뒤에서 뜻밖의 소리가 들리는 겁니다.

"왕이시여! 사울 왕이시여! 이스라엘의 주인이시어!"

큰 목소리였습니다. 사울 왕은 물론 신하들과 소리를 들은 모든 군사들이 일제히 고개를 돌려 그 곳을 바라보았습니다. 얼마나 놀랬는지요. 왕을 부르는 목소리의 주인공은 그렇게도 찾던 바로 다윗이었기 때문입니다. 다윗을 본 사울 왕… 기가 막혔습니다. 자신이 금방 볼 일을 보고 나온 그 동굴 어귀에 다윗이 서 있었기 때문입니다.

놀랄 틈도 없는데… 다윗은 사울 왕을 향해 땅에 엎드려 큰 절을 하는 겁니다. 그리고 큰 소리를 말하기 시작했답니다.

"왕이시여, 간악한 놈들이 왕의 마음을 혼란스럽게 하고 있습니다. 간악한 놈들이 왕에게 벼슬이나 얻으려고 저에 대해서 악한 말을 하고 있는 겁니다. 그런 놈들의 말을 듣지 마십시오. 선하신 왕을 악한 왕으로 만들려는 놈들의 말을 듣지 마십시오!"

「사울에게 이르되 다윗이 왕을 해하려 한다고 하는 사람들의 말을 왕은 어찌하여 들으시나이까」(:9)

다윗의 말… 무척이나 지혜로운 말입니다.
분명 다윗도 사울 왕이 자신을 죽이려 하는 것이지
다른 사람들의 충동질에 의해
자신을 쫓는 것이 아님을 알고 있었습니다.
그런 것을 앎에도 불구하고 사울 왕의 마음에
가능하면 불편을 주지 않으려는 말을 하는 것입니다.
말, 「아」 다르고 「어」 다르다고 하죠?
듣는 사람의 입장에서 말 하자구요!

관계가 달라집니다.

문제가 해결될 겁니다.

말, 아주 중요한 거랍니다.

다윗은 잠시 전에 있었던 일들을 말하기 시작했습니다.

「오늘 여호와께서 굴에서 왕을 내 손에 붙이신 것을 왕이 아셨을 것이니이다 혹이 나를 권하여 왕을 죽이라 하였으나 내가 왕을 아껴 말하기를 나는 내 손을 들어 내 주를 해치 아니하리니 그는 여호와의 기름 부음을 받은 자가 됨이니라 하였나이다 나의 아버지여 보소서 내 손에 있는 왕의 옷자락을 보소서 내가 왕을 죽이지 아니하고 겉옷자락만 베었은즉 나의 손에 악이나 죄과가 없는 줄을 아실지니이다 왕은 내 생명을 찾아 해하려 하시나 나는 왕에게 범죄한 일이 없나이다 여호와께서는 나와 왕 사이를 판단하사 나를 위하여 왕에게 보복하시려니와 내 손으로는 왕을 해하지 않겠나이다 옛 속담에 말하기를 악은 악인에게서 난다 하였으니 내 손이 왕을 해하지 아니하리이다 이스라엘 왕이 누구를 따라 나왔으며 누구를 쫓나이까 죽은 개나 벼룩을 쫓음이니이다 그런즉 여호와께서 재판장이 되어 나와 왕 사이에 판결하사 나의 사정을 살펴 신원(伸冤)하시고 나를 왕의 손에서 건지시기를 원하나이다」(:10-15)

숯불 사랑이라는 것이 있습니다.

원수가 배고파하거든 먹이고

목말라하거든 물을 주어 마시게 하는 거지요.

잠언 25:21-22에 있는 말씀이고

바울 사도께서 로마서 12:20에서 인용한 말씀입니다.
숯불 사랑의 목적은 선으로 악을 이기는 것입니다.
좀 더 깊은 의미를 보면
나의 원수 갚음을 하나님께 맡긴다는
하나님에 대한 절대 신뢰 사상입니다.
다윗은 원수 사울 왕을 제거할 수 있었습니다.
물론 다윗이 사울 왕을 사랑했다고는 생각되지 않습니다.
그러나 적어도 하나님의 영역을 침범하지 않는다는 생각으로
충만한 상태임은 틀림없습니다.
다윗은 여기까지 되어 있습니다!
하나님이 광야 학교를 통해 이 수준까지 만들어 놓았습니다.

이 수준까지 가고 싶습니다.
나도 이 수준까지 갈 수 있을까 하는 생각이 들기도 했지요.
그러다가 생각을 바꿨습니다.
나는 이 수준까지 갈 수 없는 존재이지만
하나님이 나를 이 수준으로까지 만들어 가신다면
나 같은 사람도 가능하다는 생각에 흥분됩니다.
오늘도 나를 가꾸시고 다듬으시고
흔드시고 혼란스럽게 만드시는 하나님을
생각해 봅니다.
그러다보니 인생의 비비꼬임 속에
하나님의 손길이 있음이 보이는 듯합니다.
힘든 일들 잊고 싶고,

벗어나고 싶은 일들이 바닷가의 강한 파도 같이 밀려오기에
그것들 때문에 무서웠는데
그 일들이 다듬어지지 않은 못된 나를
하나님께 합한 사람으로 만들어 가시기 위한 광야 학교의
수업 도구라는 생각이 드는 겁니다.

그러면서 그것들이…
무거운 짐도 끔찍한 아픔도
견딜수 없는 고통도 아니라는 생각이 드는군요.
오히려 풀리지 않는 의문스런 일들이
감사의 조건으로 다가오고
하나님이 준비하신 훌륭한 광야 학교 수업을 위한
기재(器材)처럼 여겨집니다.
하나님이 준비하신 도구들로 인해
숯불 사랑을 할 수 있는 수준까지 이를 것을 생각하니
왠지 가슴이 떨립니다.
광야 학교의 수업 목표…
너무 매력 있습니다.

❸ 삼상 24:16-22

움직이는 사울 왕의 마음

다윗의 이야기를 들은 사울 왕의 마음...

간담(肝膽)이 서늘했습니다. 죽음의 사자가 왔다 간 느낌이었겠지요. 한편으로는 옆에 있는 신하들에게 망신당한 꼴이 되기도 했겠죠. 어쨌든 다윗의 말을 들은 사울 왕... 왠지... 엉엉 울기 시작하는 겁니다. 그러면서 말을 이었답니다.

"다윗아! 이놈아, 나를 용서하거라. 나는 네 놈을 그렇게나 학대하고 네게 못할 짓을 했는데도 너는 날 이렇게 대해 주니 너는 분명 나보다 낫구나! 날 죽일 수 있었는데도 내 생명을 살려 준 네가 얼마나 선한지를 내가 알겠구나. 이놈아, 고맙다. 너의 그 아름다운 성품을 하나님께서 축복해 주실 것이니라!"

사울 왕은 정서가 불안정한 사람입니다. 특히 왕권에 대한 집착과 세 차례의 사무엘의 폐위 선언 그리고 다윗의 인기로 인해 그의 정서는 거의 싸이코 상태까지 되어 있었습니다. 그 사울이 다윗의 감동적인 행동과 말을 듣자 자신의 일임에도 불구하고 영화의 한 장면을 본 듯 감격하고 있는 것입니다.

운다는 것.
상대방의 마음을 움직이는 가장 큰 무기 중의 하나입니다.
그래서 그런지 여자가 울면
넘어가지 않는 남편이 거의 없다고 합니다.
울음은 사람의 마음을 움직이는 것만큼은 틀림이 없습니다.
그러나 울음과 신앙은 다릅니다.
성경은 눈물에 관심 있지 않습니다.
마음에 변화가 있어서 운다면 모르겠지만
정서와 감정에 타치(Touch)가 있어서 우는 것은
아무 것도 아닙니다.
그런 측면에서 사울 왕의 울음을 보아야 합니다.
사울 왕의 울음은 잘못을 뉘우침도, 회개도 아닙니다.
감정 표출에 불과합니다.
사울 왕은 자신이 잘못되었음을 전혀 모르고 있습니다.
단지 자신과 다윗이
서로 나쁜 감정 때문이라고 생각하는 것 같습니다.
그렇기에 사울 왕은 자신을 악하다고 표현하지 않고

다윗보다 덜 의롭다고 표현하고 있는 겁니다.

「너는 나보다 의롭도다」(:17중)

나는 의롭다는 말이고, 나보다 네가 조금 더 의롭다는 말입니다.
자신을 죄인 혹은 악한 사람으로 인정하지 않는 말입니다.
그의 눈물은 신앙과는 전혀 상관없는 눈물입니다.

회개는 눈물로 증명하는게 아닙니다. 열매로 회개가 증명됩니다.
성경은 "회개에 합당한 열매를 맺으라"고 말씀하고 있습니다.
"너희 옷을 찢지 말고 마음을 찢으라"고 합니다.
사울 왕은 마음을 찢지 않았습니다.
그의 속에 있는 악(惡)이 잠시 눈물로 인해 가려진 것뿐입니다.
눈물,
속이기 쉽고 속기 쉬운 인간이 가진 이상한 액체입니다.

다윗의 말은 감동적이었고 진실이었으며
사울 왕의 기분을 움직였습니다.
그러나 그를 변화시키지는 못했답니다.
이것을 알아야 합니다.
우리의 말이 감동적이고 진실이라도
사람들로 하여금 눈물을 흘리게 할 수 있을지는 몰라도
사람의 마음이 바뀌었을 것이라고 생각하면 착각입니다.
눈물로 평가를 하지 마시고 행동의 변화를 통해
변화의 유무(有無)를 판단해야 합니다.

사울 왕의 말이 계속되었습니다. 그는 진정 변화된 사람과 같은 어마어마한 말을 했습니다.

「네가 오늘날 내게 행한 일을 인하여 여호와께서 네게 선으로 갚으시기를 원하노라 보라 나는 네가 반드시 왕이 될 것을 알고 이스라엘 나라가 네 손에 견고히 설 것을 아노니 그런즉 너는 내 후손을 끊지 아니하며 내 아비의 집에서 내 이름을 멸하지 아니할 것을 이제 여호와로 내게 맹세하라」(:19-21)

그러나 그의 말은 주변의 신하들의 조소로부터 벗어나기 위한 쇼에 불과했을 뿐, 속에서는 다윗에 대한 증오가 타오르고 있었답니다.

다윗... 순수한 사람인지 아니면 멍청한 사람인지? 사울 왕의 엉엉 우는 소리, 울먹거리는 소리에 감동을 받은 것인지... 아무튼 사울 왕의 부탁이후에 사울 왕의 자손에게는 절대로 보복하지 않을 것이라는 약속을 했답니다. 그리고 둘은 그렇게 헤어졌답니다.

「다윗이 사울에게 맹세하매 사울은 집으로 돌아가고 다윗과 그의 사람들은 요새로 올라가니라」(:22)

4 삼상 25:1

영적 거장(巨匠)이 사라지다

사무엘은 이스라엘의 영적 큰 기둥이었습니다. 그는 이스라엘에 영적인 혼란이 가장 극심할 때 어머니 한나의 기도와 결심에 의해 태어나고 만들어진 제사장이었고 사사였습니다. 그의 성품이 곧아서 불의와 타협 할 줄 몰랐습니다. 말을 돌려서 할 줄도 몰랐습니다. 그의 말은 권위가 있었고 삶도 청렴결백(淸廉潔白)했습니다. 그에게 오점(汚點)이 하나 있었다면, 두 아들이 아버지의 성품과 사역을 잇지 못하고 타락한 제사장 역할을 했다는 것입니다. 그럼에도 불구하고 하나님은 사무엘의 하나님을 향한 마음을 알고 계셨습니다. 그는 민족을 위해 기도한 사람이었습니다. 그는 이스라엘 사람들의 요구에 따라 하나님의 허락을 받고 사울을 찾아 초대 왕으로 삼았습니다. 나라를 다스리는 일을 사울에게 위임한 후에는 영적인 후배들을 양성하기 위하여 이곳저곳을 돌아다니며 가르치고 훈련시키곤 했답니다.

사울 왕의 나라 경영이 하나님께 대한 불순종과 인본주의적이고 자기중심적이 되자 하나님의 말씀을 받아 하나님이 왕위를 폐위 시켰다고 면전(面前)에 대고 이야기 할 만큼 사람과 권력에 대한 두려움이 없었던 분이었습니다. 또한 사울의 왕위가 하나님으로부터 버림을 받자 다윗을 찾아 기름을 붓기도 했습니다. 그는 곧게 살았습니다. 이스라엘 사람들 대다수는 사무엘의 삶에서 풍겨 나오는 권위에 존경을 표했었습니다. 사사로 제사장으로서의 그의 사역은 약 40여 년 간이었습니다만 그는 어려서부터 존경 받은 인물이었습니다.

사무엘이 살아있다는 것만으로도 이스라엘 사람들에게는 의지가 되었었습니다. 사울이 펄펄 거리고 나라를 다스린다 해도 나라의 어른은 사무엘이었습니다. 그런데 그 어른이 하나님의 부름을 받았습니다. 어른이 사라졌습니다.

사람들은 사무엘에게 늙었으니 제사장 자리에서 물러나라고 했습니다. 그는 물러났지만 사는 동안에는 여전히 이스라엘 사람들의 마음에는 어른이었습니다. 그런데 그가 죽은 것입니다. 이스라엘에는 공허가 찾아오고 사람들은 옳고 그름의 기준과 잣대가 사라졌다는 것 때문에 한동안 불안해 했답니다. 그리고 그의 죽음은 한 시대는 물론 사사시대의 종지부를 찍는 순간이었습니다.

어른… 사람들은 철없는 소릴 한답니다.
어른이 무얼 할 수 있냐고.
어떤 미련한 사람은 말합니다.
어른이 귀찮다고.
어른… 무능한 사람 같지만 무능한 분들이 아닙니다.
귀찮은 분 같지만 귀찮은 분이 아닙니다.
어른은 계시다는 것만으로도
우리 시대의 균형이 잡히는 것입니다.
어른 잘 모시세요!
우리도 어른이라는 소리를 들을 때가 온답니다.

사무엘의 죽음은 백성 전체에게 영향을 끼쳤습니다만 특히 다윗에게는 충격이었습니다. 자신에게 기름을 부은 하나님의 종이 죽었기 때문입니다. 다윗도 사무엘을 얼마나 의지했는지 모릅니다. 어떤 면으로는 사무엘 때문에 사울 왕의 모진 핍박에도 용기를 내어 버텨왔을 수도 있습니다.

그런데 그분이 죽은 것입니다. 이제는 그에게 기도 부탁할 수도 없고 상담할 수도 없고 만날 수도 없습니다. 다윗의 마음은 착잡했습니다. 더 나아가서 불안했습니다. 아니 더 이상 사울 왕의 사정 거리인 유다 땅에 머무를 수 없다는 생각이 들었습니다. 사울 왕이 찾아 올 수 없는 먼 곳으로 떠나기로 결심했습니다. 그래서 600명의 사람들과 그의 가족들을 데리고 간 곳이 바란 광야였답니다.

「사무엘이 죽으매 온 이스라엘 무리가 모여 그를 애곡하며 라마 그의 집에서 그를 장사한지라 다윗이 일어나 바란 광야로 내려가니라」(:1)

5 삼상 25:2-8

생존을 위한 선한 행위

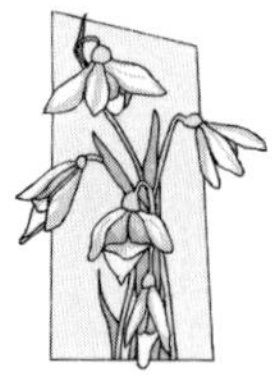

사울의 수색을 피해 바란 광야로 내려 온 다윗은 수천 명의 사람들을 먹여 살려야 했습니다. 그렇다고 못된 짓을 해서 식량을 공급할 수는 없는 일이었습니다. 그래서 생각해 낸 것이 부자들의 고민을 해결해 주고 그들로부터 사례를 좀 받아 많은 식구들을 먹여 살려야겠다고 생각했습니다.

바란 광야 주변의 부자들은 짐승 사육을 많이 하고 있었습니다. 그런데 광야 도적들이 종종 급습하여 사람을 해치고 양이나 소 나귀 등을 빼앗아 가곤 했습니다. 그러니 부자들이 이 문제로 얼마나 골머리를 썩었는지 모릅니다. 목동 출신인 다윗은 짐승을 가진 목축업자들의 심정을 이해하기가 어렵지 않았습니다. 그래서 이 광야 깡패들의 습격을 막아 목축업자들을 돕자는 생각이었습니다. 다윗에게는 장정만 600명의 사람이 있었고 그들은 모두 용사와 같이 훈련된 사람들이었기에 도적을 막는 일을 하는 것은 어렵지 않았습니다. 다윗은 이 600명과 함께 바란 광야 근처의 광야 깡패들의 악행을 막았답니다. 주변의 목축업 주인들은 얼마나 좋아했는지 모릅니다. 짐승들의 주인들에게 있어서 다윗과 그의 사람들은 마치 선한 사마리아 사람들과 같았습니다.

다윗의 이 혜택을 본 사람들 가운데 마온 땅에 대단한 부자가 있었습니다. 나발이라는 사람이었습니다. 양만 3,000마리였고 염소가 1,000마리였습니다. 목장은 갈멜에 있었는데 그 곳은 다윗의 무리들이 있는 바란 광야 근처였습니다.

「마온에 한 사람이 있는데 그 업이 갈멜에 있고 심히 부하여 양이 삼천이요 염소가 일천이므로 그가 갈멜에서 그 양털을 깎고 있었으니 그 사람의 이름은 나발이요」(:2–3상)

다윗은 남들보다 큰 부자였던 이 나발의 짐승들을 정성스럽게 보호해 주었습니다. 나발 목장의 목자들은 다윗의 사람들과 친구가 되었고 더울 때나 추울 때나 낮이나 밤이나 자기들끼리 교대하면서 짐승을 지켜 주는 것을 보고 고마워했습니다. 정말로 정성스럽게 보살펴주었습니다. 이 소문은 나발에게는 물론 그의 아내 아비가일에게까지 고마운 이야기로 들려졌습니다. 나발과 그의 아내도 졸지에 좋은 사람들을 만나 골칫거리였던 문제를 해결해서 무척이나 흐뭇해했답니다.

목축업자들은 수년 동안 양을 기른 후에 털이 많이 자라면 그 털을 깎아 그것을 팔아서 먹고 사는 사람입니다. 그렇기에 양털 깎는 날이 되면 잔치를 벌이곤 했지요. 아주 대단한 잔치를 벌였답니다.

나발도 그 때를 즐기고 있었습니다. 복실복실하게 자란 양들의 털 깎는 것을 보면서 더 큰 부자가 되는 상상과 함께 함박웃음을 감추지 못하고 있었습니다. 나발이 양털을 깎는다는 소식을 다윗이 들었습니다. 기뻤습니다. 그 이유는 함께 고생하고 있는 수천 명이 잔치 한번 벌일 수 있는 기회였기 때문입니다.

그동안 나발의 짐승들을 정성스럽게 지켜 주었었습니다. 그래서 양털을 깎는다는 소리를 듣자마자 10명의 사람을 택했습니다. 그리고 그들에게 말하길 그 축제의 기간을 축복하고 또 그동안 나발의 짐승을 성실하게 지켜준 것을 말한 후에 대가를 좀 얻어오라고 했습니다.

「이같이 그 부하게 사는 자에게 이르기를 너는 평강하라 네 집도 평강하라 네 소유의 모든 것도 평강하라 네게 양털 깎는 자들이 있다 함을 이제 내가 들었노라 네 목자들이 우리와 함께 있었으나 우리가 그들을 상치 아니하였고 그들이 갈멜에 있는 동안에 그들의 것을 하나도 잃지 아니하였나니 네 소년들에게 물으면 그들이 네게 고하리라 그런즉 내 소년들로 네게 은혜를 얻게 하라 우리가 좋은 날에 왔은즉 네 손에 있는 대로 네 종들과 네 아들 다윗에게 주기를 원하노라 하더라 하라」(:6-8)

❻ 삼상 25:9-13
모욕당한 친절

다윗의 심부름을 가는 사람들의 말발굽 소리... 무척이나 가벼웠습니다. 갑부(甲富) 나발에게 베푼 수고와 공으로 인해 받을 대가에 대한 기대 때문이었습니다. 그리고 그것들로 오랜만에 온 식구들이 잔치 벌여 실컷 먹을 생각 때문이었죠.

나발의 양털 깎는 풍경은 과히 대단했습니다. 부자가 어떤 것인지를 본다는 것은 가난한 사람들에게는 놀람 자체였습니다. 찾아간 다윗의 부하 열 명은 부자의 잔치 앞에 기가 죽기도 했습니다만 이렇게 나발이 행복한 축제를 할 수 있는 것이 자신들의 피땀 어린 수고의 덕이었다는 생각이 들었기에 기쁘기도 했습니다. 열 명은 나발을 찾았습니다. 깨끗하고 비싼 옷을 입고 있는 나발을 보면서 정중히 인사를 하고 자신들을 소개했습니다. 그리고 다윗을 말하면서 다윗이 가르쳐 준 대로 고했습니다.

"나발 어른! 양털을 깎으심에 진심으로 축하드립니다. 대단한 풍경입니다. 다른 집들보다도 양도 많고 질도 훨씬 좋은 것 같습니다."

다윗의 사람들은 나발의 기분을 한껏 북돋는 말을 했습니다.

"암, 내 기분 최고지. 몇 년 동안 얼마나 고생했는데. 나만한 사람이 어디 있겠나?"

다윗의 사람들은 나발에게 다윗이 전하는 안부의 말을 했습니다.

"나발 어른! 다윗께서 안부를 전하라고 하셨습니다. 나발 어르신 집과 모든 생축들에게 평강이 있기를 바라신답니다."

「이같이 그 부하게 사는 자에게 이르기를 너는 평강하라 네 집도 평강하라 네 소유의 모든 것도 평강하라」(:6)

"평강하지. 암, 평강할 수밖에. 다윗이 걱정하지 않아도 평강하네."

다윗의 부하들은 말을 계속 이었습니다.

"나발 어르신, 우리 다윗께서 지난 몇 년 동안 나리의 양들을 지켜 주신 것을 알고 계시죠?"

나발은 이 말을 듣자마자 얼굴이 변하는 것 같았습니다. 뭔가 듣기 싫은 말을 들었다는 표정이었습니다.

"뭐라고? 다윗이 내 양들을 지켜 주었다고? 그래서?"

사람들은 나발의 표정에는 아랑곳하지 않고 담대하게 말했습니다.

"한 마디로 말씀드리죠. 그 동안 다윗 장군과 우리들이 나리의 양들을 열심히 지키지 않았습니까? 정말 우리들의 양인 것처럼 밤낮 돌보았습니다. 아마 나리께선 우리들 때문에 한 마리의 양도 도적맞지 않으셨을 것입니다. 그러니 이 좋은 날 양털을 깎으시면서 고기 좀 얻어먹으려고 합니다. 모르신다고 하지는 않으시겠죠? 부탁드립니다. 우리들 모두가 사실 무척이나 배고픈 사람들입니다."

그런데 나발의 대답은 의외로 시큰둥했습니다. 다윗에 대한 고마움이 아니었습니다. 어떻게 알았는지 다윗과 그의 사람들의 신분과 처지를 들먹거리면서 다윗이 누구냐고 시치미를 떼고 그들을 모욕했습니다.

"다윗? 야, 이놈들아! 내 그 동안 다윗과 네 놈들에 대해서 그렇지 않아도 조사해 봤다. 죄 짓고 도망 다니는 거렁뱅이들이더구먼. 다윗은 지가 왕이 되려고 역모를 꾸미다가 들켜 쫓기는 놈이라면서? 그 동안은 그 놈의 신세가 불쌍해서 고발하지 않고 가만히 있었지. 다윗은 아주 못된 놈이야! 내가 그런 놈에게 어떻게 먹을 것을 줄 수가 있겠냐? 가서 전하거라. 사울 왕에게 고발하지 않고 있는 것만으로도 내게 감사해야 한다고!"

「나발이 다윗의 사환들에게 대답하여 가로되 다윗은 누구며 이새의 아들은 누구뇨 근일에 각기 주인에게서 억지로 떠나는 종이 많도다 내가 어찌 내 떡과 물과 내 양털 깎는 자를 위하여 잡은 고기를 가져 어디로서인지 알지도 못하는 자들에게 주겠느냐 한지라」(:10-11)

나발이라는 이름의 뜻은 어리석은 자라는 말입니다.

그가 태어날 때부터

그 이름을 부모에게 받은 것은 아닐 것입니다.

어떤 부모가 자식에게 어리석은 자라는 이름을

지어 주었겠습니까?

그가 사는 것을 보니 하도 바보 같아서

사람들이 지어 준 이름이 아마도 나발이라는 이름이었겠죠.

우리의 삶을 누군가가 보고 이름을 짓는답니다.

지혜롭게 행동하세요.

나발 같은 이름 얻지 않도록…

조심스럽게 행동하세요.

나발 같은 별명 얻지 않도록…

나발은 '재물을 지키는 자' 였습니다.

그는 재물을 신(神)처럼 존귀하게 지키고 있습니다.

'재물이라는 분(?)' 이 다른 곳으로 가시면 안 되는가 봅니다.

그래서 그는 온 정성을 다해서 '재물님' 을 지켜드리고

재물님을 집 안으로 모셔 드리고 있습니다.

재물님을 이처럼 신(神)으로 모시고 있는 사람을

나발, 어리석은 사람이라고 말하는 겁니다.

내가 재물을 지키는 것이 아니라 재물이 나를 지켜야 합니다.

내가 아프면 재물은

나의 건강을 지키기 위해 나를 떠나야 합니다.

나의 생명이 위급하면

나의 생명을 지키기 위해 재물은 떠나야 합니다.
그것이 지혜로운 삶입니다.
그런데 불행하게도 주머니 속에 재물님(?)을 모시다가
생명을 잃고 있는 현대판 나발들이 너무 많이 있답니다.

나발의 무시(無視)와 거부의 소리가 다윗에게 전해졌습니다. 다윗은 아무런 생각이 없었습니다. 그는 분노했습니다. 그리고 자신이 목적하고 행했던 불철주야(不撤晝夜)의 성실한 수고와 노력이 무시당함과 더불어 물거품이 되자, 이성을 잃은 듯 400명의 용사들을 모아 칼을 차고 나발의 축제장으로 향했습니다. 그러나 200명은 남겨 두었습니다. 왜냐하면 가족과 소유물을 누군가가 지켜야 했기 때문이었습니다.

「이에 다윗의 소년들이 돌이켜 자기 길로 행하여 돌아와서 이 모든 말로 그에게 고하매 다윗이 자기 사람들에게 이르되 너희는 각기 칼을 차라 각기 칼을 차매 다윗도 자기 칼을 차고 사백 명 가량은 데리고 올라가고 이백 명은 소유물 곁에 있게 하니라」(:12-13)

다윗은 분노하고 있습니다.
광야 학교를 거친 다윗이 분노하고 있습니다.
그는 자신을 죽이려고 했던 사울 왕을
단숨에 죽일 수 있었던 상황에서도 참았습니다.
다윗이 사울 왕을 살려 줄 때는 목적이 없었습니다.
그는 빈 마음이었습니다.
그러나 지금은 그렇지 않습니다.

다윗의 광야에서의 선행은 저절로 되어진 선행이 아니라
목적을 가지고 계획한 선행이었습니다.
다윗은
그 목적을 이루기 위해 잠을 자지 않은 것이고
그 목적을 위해 추위 속에서도 견뎌낸 것이고
그 목적을 위해 자기 사람들을 불편하게 했었습니다.
그 목적은 함께 있는 사람들을 잘 먹여 보겠다는 것이었습니다.
이제 그의 마음은 빈 마음이 아니었습니다.
그런데 그 목적이 이루어진 것이 아니라
무시당해 버린 것입니다.
그래서 화가 치밀었습니다.

내가 세운 계획과 목표.
이것은 나의 감정을 조절하고 움직이는 힘입니다.
내가 계획한 대로 되면 좋아합니다.
더 나아가서는 우쭐대기도 합니다.
그러나 계획대로 되지 않으면
실망합니다. 좌절하기도 합니다.
그 계획한 대로 목표한 것에 도달하지 못하면
화가 치솟습니다.

하나님은 여기서 또 하나의 수업을 하고 계십니다.
하나님 없는 계획의 허망함을 가르쳐 주고 계십니다.

7 삼상 25:14-17

평가

나발의 다윗 사람들에 대한 문전박대(門前薄待)의 모습이 나발 집에서 일하는 종들이 볼 때에도 무척이나 민망하게 보였었는가 봅니다. 평소에 다윗의 사람들이 그렇게 호의를 베푼 것을 알고 있는 나발의 종들은 나발의 행위가 잘못되었을 뿐만 아니라 너무했음을 알았습니다. 그래서 나발의 어리석은 행위를 그의 부인 아비가일에게 보고했습니다. 아비가일은 종들에게도 훌륭한 안주인으로 인정과 존경을 받고 있었습니다.

종들이 아비가일에게 찾아가서 사태를 보고함과 동시에 다윗과 나발을 평가합니다.

"마님, 주인께서 다윗이 보낸 사람들을 매몰차게 보냈습니다요. 그러면 안되거든요. 말이야 바른 말이지 다윗이 없었으면 지금의 이런 축제는 불가능했습니다. 다윗의 은혜를 나몰라 한다면 절대 안 됩니다.

「우리가 들에 있어 그들과 상종할 동안에 그 사람들이 우리를 매우 선대하였으므로 우리가 상하거나 잃은 것이 없었으니 우리가 양을 지키는 동안에 그들이 우리와 함께 있어 밤낮 우리에게 담이 되었음이라」(:15-16)

다윗과 그의 사람들에 대한 평가입니다. 그런데 나발에 대한 평가는 달랐습니다. 듣기 민망할 정도의 말입니다.

「주인은 불량한 사람이라 더불어 말할 수 없나이다」(:17)

종들 사이에서도 나발은 말이 통하지 않는 사람이었습니다.
그는 언제나 윽박지르는 사람이었고
합리적이지 않음에도 불구하고
자신의 고집대로 하는 사람이었으며
남의 말을 듣지 않는 사람이었던 것 같습니다.
더 나아가 그는 받은 은혜를 보답할 줄 모르는
고약한 사람이었습니다.
우린... 사람들과 말이 통하는 사람인지...
사람들에게 선하게 대하는 지 아니면 불량하게 대하는지...
어떤 평가를 받을까요?

종들이 볼 때에도 나발은 답답하다 못해 한심한 사람이었습니다. 이 말이 통하지 않는 사람에게 위급한 일이 벌어질 것을 종들이 알고 있었습니다. 그것은 다윗이 오랫동안 베푼 성실한 호의에 대한 고마움을 갖기는 커녕 오히려 다윗이 보낸 사람을 무지하게 짓밟았기 때문입니다. 상황이 얼마나 나빴는지 종들은 다윗이 나발과 나발의 온 집을 해(害)할 것을 감지했습니다. 그러나 이런 상황을 나발에게 보고 한다 해도 나발은 들을 사람이 아니라는 것을 종들은 알았습니다. 그래서 그의 아내이지만 말이 통하는 아비가일에게 종들은 보고하고 있었습니다.

사람들이 우리를 보고 있습니다.
그리고 우리에 대한 평가를 하고 있습니다.
물론 사람마다 편견이 있기에 모두 옳다고는 할 수가 없겠지요.
그러나 편견이 진짜 편견이 되도록 성실하게 살아야 합니다.
나발 앞에서 사람들이 굽신거린 것은
나발이 존경스러워서가 아니었습니다.
나발이 가지고 있는 돈 때문이었을 뿐입니다.
그러나 아비가일은 문제를 해결할 수 있는 지혜로운 사람으로
인정받고 있다는 말입니다.
우리 시대엔
내가 아비가일과 같이
지혜로운 사람이라고 인정 받아야겠지요.

8 삼상 25:18-31
지혜로운 행동의 아비가일

나발을 남편으로 둔 아비가일은 행복하지 않았을 것입니다. 하필이면 이런 남자를 남편으로 하고 살아야 하는지 답답하기도 하고 속상하기도 했겠죠. 나발이 가지고 있는 것... 재물 말고는 아무 것도 없었습니다. 재물이라는 것이 아비가일에게 행복을 가져다주지 못했습니다. 단지 일상생활을 불편하지 않게 할 뿐 아무 것도 아니었습니다. 멋지고 똑똑하고 덕망 있어서 존경받는 사람을 남편으로 하면서 살고 싶기도 했겠죠.

그런데 이 날도 사고를 친 것입니다. 그 동안 친절을 보여준 다윗과 그의 사람들에게 몹쓸 짓을 한 것입니다. 아비가일은 종들의 말을 듣고 사태가 심각하고 촉급을 다투는 일로 판단했습니다. 그녀는 부엌에서 일하는 사람들과 요리를 할 수 있는 사람들을 급히 모았습니다. 그리고 최대한 빨리 음식을 만들었습니다. 떡 200 덩이, 포도주 두 가죽 부대, 축제를 위해 쓰려고 잡아둔 양 다섯 마리, 볶은 곡식 다섯 세아(7말 정도), 건포도 100 송이, 무화과 200 뭉치... 일하는 사람들의 손이 무척이나 빨리 움직였습니다. 남자들은 여인들이 준비한 음식을 미리 준비된 나귀들 등에다가 실었습니다. 대단한 분주함... 그럼에도 불구하고 나발에게는 비밀로 했습니다. 일하는 사람 모두가 나발이 알면 대번에 난리가 나고 일을 그르칠 것임을 뻔히 알았기 때문입니다. 그래서 비밀스럽게 움직였답니다.

「아비가일이 급히 떡 이백 덩이와 포도주 두 가죽 부대와 잡아 준비한 양 다섯과 볶은 곡식 다섯 세아와 건포도 백 송이와 무화과 뭉치 이백을 취하여 나귀들에게 싣고 소년들에게 이르되 내 앞서 가라 나는 너희 뒤에 가리라 하고 그 남편 나발에게는 고하지 아니하니라」(:18-19)

식물을 준비한 아비가일은 지혜로운 종들에게 물었습니다. 다윗과 그의 사람들이 분명 화가 난 상태에서 내려오고 있을 터인데 그 짐작이 맞는다면 어떤 길로 내려오겠느냐 하는 물음이었습니다. 종들의 대답은 한결 같았습니다. 분명 나발이나 다른 사람들이 눈치 챌 수 없는 산의 외진 곳을 택할 것이라는 의견이었습니다. 아비가일은 의견이 통일되자 지체하지 않았습니다. 곧바로 식물을 실은 나귀들을 인도할 종들을 그 길로 보낸 겁니다. 아비가일 자신은 곧바로 뒤 따라 가겠답니다.

식물을 실은 행렬이 산 외진 길을 올라가고 있을 때 먼지를 일으키면서 성난 모습으로 달려 오는 무리가 보였습니다. 대단히 화가 난 모습이라는 것을 깨닫는 것은 어려운 일이 아니었습니다. 아비가일의 사람들이 올라가는 길과 다윗의 사람들이 내려오는 길은 큰 길이 아니었습니다. 사람들이 잘 다니지 않는 외진 산길이었습니다. 다윗의 사람들도 이 좁은 길에 나귀들과 사람들이 오는 것을 보고 달리던 속도를 늦추어야 했습니다.

앞을 달리던 다윗이 나귀들을 끌고 오는 것을 보고 손을 들어 말들을 멈추게 했습니다. 분노와 배고픔으로 이글거리는 다윗의 눈빛은 무엇인가 일을 저지르기 위해 단단한 결심을 한 눈빛이었습니다.

다윗의 각오였습니다.

"미련한 놈, 나발이란 놈이 이름대로 미련한 놈이구먼. 우리의 호의와 수고를 개뼉다구 취급하듯 걷어차? 나쁜 놈 같으니라구. 내 그놈에게 속한 것을 하나라도 남겨두는가 봐라!"

「내가 이 자(나발)의 소유물을 광야에서 지켜 그 모든 것을 하나도 손실이 없게 한 것이 진실로 허사라 그가 악으로 나의 선을 갚는도다 내가 그에게 속한 모든 것 중 한 남자라도 아침까지 남겨두면 하나님은 다윗에게 벌을 내리시고 또 내리시기를 원하노라 하였더라」(:21-22)

길을 막고 있는 나귀를 모는 사람들이 누구인지 다윗은 알 턱이 없습니다. 단지 좁은 길을 서로 양보하면서 가야 하겠기에 마음은 급하지만 지체해야 했습니다. 400명의 성난 군사들이 달려온 길은 먼지를 일으키고 있었습니다. 반면에 식물을 실은 나귀들은 앞으로 나가지 못하고 머리만 움직이고 있었습니다. 한 사람이 이 상황을 질서 있게 통행하기 위해 뒤를 돌아보고 큰 소리를 쳤습니다.

"모두들 멈춰라!"

다윗, 장군이었습니다. 나귀들 뒤로 따라온 아비가일이 그를 알아보았습니다. 깨끗한 옷을 얌전히 입은 아비가일이 급히 나귀에서 내렸습니다. 일고 있는 먼지 속으로 들어갑니다. 그리고는 말 위에 앉아 있는 다윗 장군을 불렀습니다.

"내 주여!"

살기(殺氣)로 가득 차 있던 다윗이 여인네의 소리를 듣고 말고삐를 잡아당기며 돌아봅니다. 다윗의 눈에 들어 온 아비가일은 땅에 엎드렸습니다. 다윗은 당황되었습니다. 다소곳한 아름다움의 자태를 가진 여인이 자신을 "주"라고 부르면서 땅에 엎드렸기 때문입니다. 이해할 수 없는 감정이 교차됨을 느낄 새도 없이 이 여인의 소리가 들려 옵니다.

「내 주여 청컨대 이 죄악을 나 곧 내게로 돌리시고 여종으로 주의 귀에 말하게 하시고 이 여종의 말을 들으소서!」(:24)

애절한 목소리였습니다. 도대체 처음 보는 이 여인이 누구이길래... 그런데 그녀가 누구인지를 알게 된 것은 시간이 필요하지 않았습니다. 뒤이어 나온 그녀의 말은 그녀가 누구인지를 알게 하는 말이었습니다.

"주여, 노여워하지 마소서. 내 남편은 미련한 자이옵니다. 그의 이름이 그렇지않사옵니까? 불량한 자이옵니다."

「원하옵나니 내 주는 이 불량한 사람 나발을 개의치 마옵소서 그 이름이 그에게 적당하니 그 이름이 나발이라 그는 미련한 자니이다」(:25)

다윗의 살기(殺氣) 섞인 마음을 잠시 혼란스럽게 하는 이 여인이 바로 자신이 죽이기 위해 가고 있는 나발의 아내라고 하는 것입니다. 다윗은 마음과 생각이 혼란스러웠습니다.

그녀의 눈물어린 애원이 계속되었습니다.

"주여, 주께서 보내신 자들을 이 년이 먼저 보았다면 그런 무례한 일은 일어나지 않았을 것이온데 이 년이 큰 실수를 하였나이다. 허나 이제라도 이 년이 그 상황을 알고 이리로 달려온 것은 또 다른 의미가 있사오니 이 여종의 말을 들으시옵소서. 주께서는 주의 손으로 피를 흘리시면 아니 되옵니다. 우선은 이 여종이 정성스레 준비한 식물을 받으시고 미쳐 생각못한 이 여종의 허물을 사하시옵소서. 주는 큰 일을 하실 분이옵니다. 주께서는 지금까지 여호와를 위해 싸우셨는데 이제 미련한 나발과 싸우신다는 것이 가당치 않사옵니다. 여호와께서 주인을 보호하시는데 미련한 자와 다투심은 보기가 좋지 않사옵니다. 훗날 주께서 이스라엘의 지도자가 되신 후에 나발 같은 미련한 자를 죽이셨다는 말이 구설수가 된다면 이 얼마나 마음에 걸리는 일이겠는지요. 그러하오니 나발에게 노하셨던 것을 푸시옵소서. 하옵고 훗날 이 여종의 간청함을 기억하시옵소서."

「여종은 내 주의 보내신 소년들을 보지 못하였나이다!」(:25하)

「내 주여 여호와께서 사시고 내 주도 살아 계시거니와 내 주의 손으로 피를 흘려 친히 보수하시는 일을 여호와께서 막으셨으니 내 주의 원수들과 내 주를 해하려 하는 자들은 나발과 같이 되기를 원하나이다」(:26)

「여종이 내 주에게 가져온 이 예물로 내 주를 좇는 이 소년들에게 주게 하시고 주의 여종의 허물을 사하여 주옵소서」(:27-28상)

「여호와께서 반드시 내 주를 위하여 든든한 집을 세우시리니 이는 내 주께서 여호와의 싸움을 싸우심이요 내 주의 일생에 내 주에게서 악한 일을 찾을 수 없음이니이다」(:28하)

「사람이 일어나서 내 주를 쫓아 내 주의 생명을 찾을지라도 내 주의 생명은 내 주의 하나님 여호와와 함께 생명싸개 속에 싸였을 것이요 내 주의 원수들의 생명은 물매로 던지듯 여호와께서 그것을 던지시리이다」(:29)

「여호와께서 내 주에 대하여 하신 말씀대로 모든 선을 내 주에게 행하사 내 주를 이스라엘의 지도자로 세우신 때에 내 주께서 무죄한 피를 흘리셨다든지 내 주께서 친히 보수하셨다든지 함을 인하여 슬퍼하실 것도 없고 내 주의 마음에 걸리는 것도 없으시리니」(:30-31상)

「다만 여호와께서 내 주를 후대하신 때에 원컨대 내 주의 여종을 생각하소서」(:31하)

아비가일의 말은 다윗으로 하여금 가슴에 잠시 잊혀진 여호와 하나님을 다시 기억나게 했습니다. 다른 말도 중요했습니다. 그런데 그녀의 애원은 자신을 다루신 여호와라는 이름의 파도를 타고 다윗의 귀에 전달되고 있는 것입니다. 또한 그녀의 말은 다윗으로 하여금 미래를 위한 행동과 태도를 준비케 하였습니다. 왕이 된 다음 후회하게 될 일이라면 지금 참아야 하지 않겠느냐는 진언(眞言)이었습니다.

아비가일은 하나님을 잘 섬기는 여인이었습니다.
뿐만 아니라 그녀는 지혜가 있었습니다.
그로 인해 사람들에게 존경을 받았습니다.
여인의 가치와 칭찬은(남자도 그렇겠지만)
하나님을 잘 섬길 때부터 시작됩니다.
잠언 31:10-31의 말씀입니다.
「누가 현숙(賢淑)한 여인을 찾아 얻겠느냐 그 값은 진주보다 더 하니라 그런 자의 남편의 마음은 그를 믿나니 산업이 핍절(乏絕)치 아니하겠으며 그런 자는 살아 있는 동안에 그 남편에게 선을 행하고 악을 행치 아니하느니라 그는 양털과 삼을 구하여 부지런히 손으로 일하며 상고(商賈)의 배와 같아서 먼 데서 양식을 가져오며 밤이 새기 전에 일어나서 그 집 사람에게 식물을 나눠 주며 여종에게 일을 정하여 맡기며 밭을 간품(看品)하여 사며 그 손으로 번 것을 가지고 포도원을 심으며 힘으로 허리를 묶으며 그 팔을 강하게 하며 자기의 무역하는 것이 이로운 줄을 깨닫고 밤에 등불을 끄지 아니하고 손으로 솜뭉치를 들고 손가락으로 가락을 잡으며 그는 간곤한 자에게 손을 펴며 궁핍한 자를 위하여 손을 내밀며 그 집 사람들은 다 홍색 옷을 입었으므로 눈이 와도 그는 집 사람을 위하여 두려워하지 아니하며 그는 자기를 위하여 아름다운 방석을 지으며 세마포와 자색 옷을 입으며 그 남편은 그 땅의 장로로 더불어 성문에 앉으며 사람의 아는 바가 되며 그는 베로 옷을 지어 팔며 띠를 만들어 상고에게 맡기며 능력과 존귀로 옷을 삼고 후일을 웃으며 입을 열어 지혜를 베풀며 그 혀로 인애의 법을 말하며 그 집안 일을 보살피고 게을리 얻은 양식을 먹지 아니하나니 그 자식들은 일어나 사례하며 그 남편은 칭찬하기를 덕행 있는 여자가 많으나 그대는 여러 여자보다 뛰어난다 하느니라 고운 것도 거짓되고 아름다운 것도 헛되나 오직 여호와를 경외하는 여자는 칭찬을 받을 것이라 그 손의 열매가 그에게로 돌아갈 것이요 그 행한 일을 인하여 성문에서 칭찬을 받으리라」

❾ 삼상 25:32-35

회복되는 다윗의 영성

살기(殺氣)와 땀 냄새가 풍기는 다윗에게 영혼을 깨우는 소리가 들어갔습니다. 하나님 때문에 화가 난 것이 아니라, 자신이 세운 계획이 물거품이 된 것 때문에 분노한 자신이 보이기 시작했습니다. 그는 자신을 깨워준 아비가일을 보내신 분이 하나님이심을 의심하지 않았습니다. 하나님이 간섭하시지 않으면 사람은 하나님을 잊는 존재인가 봅니다. 바란 광야에 있는 다윗은 하나님께 묻지도 않고 자기 뜻대로 일을 계획하였으니 말입니다.

사람에게는 선한 일이라 할지라도 하나님께 묻지 않은 일은 하나님이 잘했다고 하지 않으십니다. 하나님은 다윗에게 이것을 알려 주고 싶으신 거랍니다. 다윗은 아비가일을 통해서 이것을 발견한 겁니다. 그러므로 아비가일을 만나게 하신 하나님을 찬송할 수밖에요! 또한 떡 몇 덩이 때문에 사람을 죽였다는 쪼쪼한 사람이 될 뻔했는데... 벗어나게 되었으니 여호와 하나님을 찬송할 수밖에요!

「다윗이 아비가일에게 이르되 오늘날 너를 보내어 나를 영접케 하신 이스라엘의 하나님 여호와를 찬송할지로다」(:32)

우리의 생활 속에 하나님이 보낸 사람 있답니다.
잊고 있던 하나님을 생각나게 하는 사람...
나 자신의 행동을 돌아보게 하는 사람...
나의 철없는 행동을 멈추게 하는 사람...
그런 사람... 존귀히 여기세요.
아울러 그런 사람... 되시구요!

아비가일은 멋진 여인입니다. 아마 다윗은 이 여인에게 마음을 빼앗겼을 수도 있겠구나 하는 생각이 듭니다. 무엇보다 지혜로운 말솜씨가 그녀를 매력 있게 했구요, 그녀의 아름다움이 혼자 살고 있는 사나이 다윗의 마음을 사로잡았답니다. 어쨌든 다윗의 마음속에서 이 여인이 지워지기는 어려웠겠죠. 어쩌면 나발과 같은 남자와 살고 있는 아비가일이 불쌍하기도 하고 아깝다는 생각을 하면서 자기 곳으로 돌아가지 않았을까하는 생각이 듭니다.

아비가일의 지혜… 모든 사람을 잘 되게 했답니다. 다윗도 잘 되었습니다. 다윗과 함께 한 흥분되어 있는 사람들도 피를 흘릴 필요가 없었습니다. 나발도 죽을 뻔한 상태에서 벗어났습니다. 나발의 종들도 한바탕 전쟁을 치를 뻔했는데 잘 끝났습니다. 하나님으로부터 나온 지혜는 모든 사람을 평온케 한답니다.

야고보 사도의 말씀이 생각납니다.

「오직 위로부터 난 지혜는 첫째 성결하고 다음에 화평하고 관용하고 양순하며 긍휼과 선한 열매가 가득하고 편벽과 거짓이 없나니」(약 3:17)

하나님이 주신 지혜는 모든 사람을 잘되게 하는 능력이랍니다.

아비가일이 가진 지혜,

그런 지혜를 소유하는

멋진 그리스도인이 되세요!

⑩ 삼상 25:36-38
하나님의 일 처리

아비가일이 큰일을 했습니다. 나발의 생명은 물론 재산을 보호했기 때문입니다. 아비가일은 한숨을 크게 내쉬면서 집으로 돌아왔습니다. 나발은 아내가 어디 갔다 왔는지에 대해서 관심이 없습니다. 그의 관심은 하루 종일 깎은 양털과 장사치들에게 비싼 값에 팔았다는 즐거움 그리고 예년보다 풍작이라는 것에 있었습니다.

집에는 잔치가 계속 벌어지고 있었습니다. 큰 부자답게 잔치의 규모도 컸습니다. 왕실의 잔치가 부럽지 않았습니다. 흥겨운 잔치입니다. 나발은 몸을 가누지 못할 정도로 취해 있었습니다. 아비가일은 저렇게 철없이 취해 좋아하고 있는 나발을 보고 속이 상했답니다.

"언제까지 저렇게 이기주의로 자기만을 위해 살아야 하나?"

취해 있는 나발이 아비가일을 보자 와서 술 한 잔을 따르라고 합니다. 아비가일은 기가 막혔습니다. 남편이 한심하다는 듯… 아비가일은 상한 가슴으로 자신의 방으로 갔습니다. 밖에서는 풍악과 술 취함의 소리와 웃음이 집안을 흔들고 있었습니다만 아비가일의 가슴은 부글부글 타고 있었습니다. 팔자려니 하면서 말입니다.

아비가일… 밖에서 나는 풍악과 술기운으로 인한 웃음소리 그리고 듣기 싫은 시끄러운 소리에 귀를 막고 있는데 갑자기 가슴을 뚫고 들어오는 그림이 있었습니다. 다윗 장군의 모습입니다. 먼지 일고 있는 산 외진 길, 말 위에 앉아 있는 모습이 머리를 스치고 지나갑니다. 아녀자의 애원하는 소리에 귀를 기울이고 짜증 한 번 내지 않으신 모습이 떠오르는 겁니다. 아비가일은 친절하신 경청에 감사하다고 말하지 않고 온 것이 죄송하다는 생각이 들었습니다. 비교하고 싶지는 않지만 대화가 되지 않는 남편 나발과는 너무나 달랐습니다. 언제 다윗 장군을 다시 볼 수 있을지 모르지만 오늘 밤은 남편 때문에도, 그리고 낮에 만난 다윗 장군 때문에도 잠을 이룰 수가 없을 것 같았습니다.

큰 집은 새벽 될 때까지 시끌 법석을 떨더니… 아비가일은 잠시 졸았는데 새벽이 되었습니다. 술 먹고 즐기던 사람들은 사라지고 조용합니다. 넓은 마당 여기저기에 추잡함은 그대로였습니다. 몇몇 종들이 나와서 어지러진 마당을 치우고 정리를 합니다만 오전 내내 해도 정리가 될 것 같지 않았습니다. 아비가일은 일하고 있는 종들에게 위로의 말을 던지면서 천천히 하라고 격려합니다. 아침이 지나가고 낮이 될 때가 되었을까요? 호랑이 같은 나발이 깼는지... 물 좀 가지고 오라고 소리 지르는 것이 들렸습니다. 종은 급히 대답하고 물을 가지고 방으로 갑니다. 아비가일이 그 종을 불렀습니다. 그리고 물그릇을 빼앗아 들고 나발에게로 들어갔습니다. 말끔한 아비가일이 가져온 물을 마신 후 나발은 어제 장사했던 양털 매매에 대하여 아내에게 자랑을 합니다. 나발의 말이 계속되는 중에 아비가일이 말을 끊었습니다. 그리고 자신의 말을 좀 들어 보라 네요. 나발은 아비가일이 가지고 온 물을 마시면서 말하라는 시늉을 했습니다.

어제 있었던 다윗의 400명의 용사와 이곳으로 출정했던 이야기를 말입니다. 차근차근 이야기하는 아비가일의 말은 나발의 귀와 머리를 지나서 심장을 향했습니다. 이야기를 듣고 있던 나발의 손이 떨렸습니다. 얼굴이 하얗게 되더니 온몸을 떨고 있었습니다. 눈에는 두려움이 가득 찼습니다. 그러더니 숨이 차다고 하면서 가슴을 만지며 눕는 것입니다. 이야기를 하던 아비가일이 나발의 이 모습을 보자 벌컥 겁이 났습니다. 종들을 불러 의원을 불러오게 했습니다. 허둥대고 온 의원들은 부잣집 주인의 병을 고치기 위해 혼신을 다했습니다. 그런데 그 원인을 알 수가 없는 겁니다. 단지 나타나는 증상이 있다면 몸이 점점 굳어지고 있다는 겁니다. 몸이 굳어집니다. 하룻밤을 지내고 이틀 밤을 지내고... 닷새가 지나고.....회복은커녕 오히려 점점 더 몸이 굳어 갈 뿐입니다. 여드레 째가 되는 날에는 나무토막 같았습니다. 사람들이 모여 온 몸을 주무르고 맛사지를 했습니다만 나발의 몸은 막대기 같을 뿐입니다. 열흘째 되는 날… 아비가일과 의원들 그리고 여러 사람의 노력에도 불구하고 그는 한마디 유언(遺言)도 못하고 세상을 떠났습니다.

「아비가일이 나발에게로 돌아오니 그가 왕의 잔치 같은 잔치를 그 집에 배설하고 대취하여 마음에 기뻐하므로 아비가일이 밝는 아침까지는 다소간 말하지 아니하다가 아침에 나발이 포도주가 깬 후에 그 아내가 그에게 이 일을 고하매 그가 낙담하여 몸이 돌과 같이 되었더니 한 열흘 후에 여호와께서 나발을 치시매 그가 죽으니라」(:36-38)

나발의 죽음… 심장마비인 것 같은데…
은혜를 모르고 재물에만 마음과 삶을 바친 사람…
그 재물을 가지고 영원히 살 줄 알았나 봅니다만…
열흘도 못되어 한 줌의 흙으로 돌아가고 말았네요.
참으로 어리석습니다.
인생이 이토록 허망한 것인데…
좀 선하게 살 것이지… 좀 양보하면서 살 것이지…
좀 손해 보면서 살 것이지…
조금 더 갖겠다고 욕심부리다가
비참한 모습으로 인생 마쳤네요.
손… 펴세요. 그리고 베푸세요.
지금 놓아야 하는 것 없어도 살 수 있잖아요.
지금 가지고 있는 것으로도 넉넉하잖아요.
지금 놓아야 하는 것 놓아야 행복하잖아요!

❶ 삼상 25:39-42

다윗의 품에 안긴 아비가일

거부(巨富) 나발의 죽음은 충격적이었습니다. 한창 양털을 깎으면서 재미를 보고 있는 때에 거부가 갑작스럽게 죽은 것입니다. 그것도 병명도 모르고 몸이 굳어져서... 사람들은 왜 죽었는지 모릅니다. 그러나 그의 죽음은 받은 은혜를 고의적으로 배신한 것에 대한 하나님의 벌이었습니다.

「한 열흘 후에 여호와께서 나발을 치시매 그가 죽으니라」(:38)

나발이 몸이 굳어져서 죽었다는 소식을 다윗도 들었습니다. 다윗은 왜 나발이 죽었는지를 짐작할 수 있었습니다. 그러면서 살인자가 될 뻔한 자신을 아비가일이라는 여인을 보내셔서 살인자 되지 않게 하신 하나님께 감사를 드렸습니다.

은혜를 모른 체하고 자신의 배를 신(神)으로 하고 산 나발은 그 이름에 어울렸습니다. 그는 하나님을 모르고 산 사람입니다. 아니 하나님이 없다고 생각하고 살다가 하나님이 계신지 아닌지를 알려 주시기 위해서 하나님이 그의 생명을 일찍 거두어 가신 겁니다. 다윗은 나발의 미련함을 생각하면서 시(詩)를 한편 읊었답니다.

「어리석은 자는 그 마음에 이르기를 하나님이 없다 하도다 저희는 부패하고 소행이 가증하여 선을 행하는 자가 없도다 여호와께서 하늘에서 인생을 굽어 살피사 지각이 있어 하나님을 찾는 자가 있는가 보려 하신즉 다 치우쳤으며 함께 더러운 자가 되고 선을 행하는 자가 없으니 하나도 없도다 죄악을 행하는 자는 다 무지하뇨 저희가 떡 먹듯이 내 백성을 먹으면서 여호와를 부르지 아니하는도다 저희가 거기서 두려워하고 두려워하였으니 하나님이 의인의 세대에 계심이로다 너희가 가난한 자의 경영을 부끄럽게 하나 오직 여호와는 그 피난처가 되시도다 이스라엘의 구원이 시온에서 나오기를 원하도다 여호와께서 그 백성의 포로된 것을 돌이키실 때에 야곱이 즐거워하고 이스라엘이 기뻐하리로다」(시 14:1-7)

나발의 죽음을 보고 다윗은 아찔했습니다.
행악자로 인해서 분해할 것이 아니구나 하는 것을 배웠습니다.

악행을 행한다 해도 속상해 할 것이 아니라
오히려 하나님께로 시선을 집중해야 할 것을 배웠습니다.

하나님은 우리의 아픔을 알고 계십니다.
하나님은 우리의 억울함을 알고 계십니다.
하나님은 우리의 상처를 알고 계십니다.
하나님은 우리의 분함도 알고 계십니다.
그러나 하나님은
우리가 나서서 행악자를 처리하시기를 원하지 않으십니다.
그런 것까지도 하나님께 맡기기를 바라십니다.
광야 학교의 또 다른 수업이었습니다.
광야 학교에서의 이 수업을 통해 더 깊은 하나님을 배웠습니다.
모든 폭풍이 가라앉은 지금
다윗은 바란 광야를 걸으면서
자신의 분함과 하나님의 개입하심을 생각하면서
시(詩) 한 수를 썼습니다.

「행악자를 인하여 불평하여 하지 말며 불의를 행하는 자를 투기하지 말지어다 저희는 풀과 같이 속히 베임을 볼 것이며 푸른 채소같이 쇠잔할 것임이로다 여호와를 의뢰하여 선을 행하라 땅에 거하여 그의 성실로 식물을 삼을지어다 또 여호와를 기뻐하라 저가 네 마음의 소원을 이루어 주시리로다 너의 길을 여호와께 맡기라 저를 의지하면 저가 이루시고 네 의를 빛같이 나타내시며 네 공의를 정오의 빛같이 하시리로다 여호와 앞에 잠잠하고 참아 기다리라 자기 길이 형통하며 악한 꾀를 이루는 자를 인하여 불평하여 말지어다 분을 그치고 노를 버리라 불평하여 말라 행악에 치우칠 뿐이라 대저 행악하는 자는 끊어질 것이나 여호와를 기대하는 자는 땅을 차지하리로다 잠시 후에 악인이 없어지리니 네가 그곳을 자세히 살필지라도 없으리로다 오직 온유한 자는 땅을 차지하며 풍부한 화평으로 즐기리로다 악인이 의인 치기를 꾀하고 향하여 그 이를 가는도다 주께서 저를 웃으시리니 그 날의 이름을 보심이로다 악인이 칼을 빼고 활을 당기어 가난하고 궁핍한 자를 엎드러뜨리며 행위가 정직한 자를 죽이고자 하나 그 칼은 자기의 마음을 찌르고 그 활은 부러지리로다 의인의 적은 소유가 많은 악인의 풍부함보다 승하도다 악인의 팔은 부러지나 의인은 여호와께서 붙드시는도다 여호와께서 완전한 자의 날을 아시니 저희 기업은 영원하리로다 저희는 환난 때에 부끄럽지 아니하며 기근의 날에도 풍족하려니와 악인은 멸망하고 여호와의 원수는 어린 양의 기름같이 타서 연기되어 없어지리로다 악인은 꾸고 갚지 아니하나 의인은 은혜를 베풀고 주는도다 주의 복을 받은 자는 땅을 차지하고 주의 저주를 받은 자는 끊어지리로다 여호와께서 사람의 걸음을 정하시고 그 길을 기뻐하시나니 저는 넘어지나 아주 엎드러지지 아니함은 여호와께서 손으로 붙드심이로다 내가 어려서부터 늙기까지 의인이 버림을 당하거나 그 자손이 걸식함을 보지 못하였도다 저는 종일토록 은혜를 베풀고 꾸어주니 그 자손이 복을 받는도다 악에서 떠나 선을 행하라 그리하면 영영히 거하리니 여호와께서 공의를 사랑하시고 그 성도를 버리지 아니하심이로다 저희는 영영히 보호를 받으나 악인의 자손은 끊어지리로다 의인이 땅을 차지함이여 거기 영영히 거하리로다 의인의 입은 지혜를 말하고 그 혀는 공의를 이르며 그 마음에는 하나님의 법이 있으니 그 걸음에 실족함이 없으리로다 악인이 의인을 엿보아 살해할 기회를 찾으나 여호와는 저를 그 손에 버려두지 아니하시고 재판 때에도 정죄치 아니하시리로다 여호와를 바라고 그 도를 지키라 그리하면 너를 들어 땅을 차지하게 하실 것이라 악인이 끊어질 때에 네가 목도하리로다 내가 악인의 큰 세력을 본즉 그 본토에 선 푸른 나무의 무성함 같으나 사람이 지날 때에 저가 없어졌으니 내가 찾아도 발견치 못하였도다 완전한 사람을 살피고 정직한 자를 볼지어다 화평한 자의 결국은 평안이로다 범죄자들은 함께 멸망하리니 악인의 결국은 끊어질 것이나 의인의 구원은 여호와께 있으니 그는 환난 때에 저희 산성이시로다 여호와께서 저희를 도와 건지시되 악인에게서 건져 구원하심은 그를 의지한 연고로다」(시 37:1-40)

악한 일을 행하는 사람이 있기 마련입니다.
그런 사람 만나면 정말 힘이 듭니다.
억울하고 답답하고 숨이 막힌답니다.

그런 마음 하나님이 알고 계시잖아요.
그래서 하시는 말씀이네요.
'내가 알고 있으니 불평하여 하지 말라' 고.
오히려 선을 행하라십니다.
참아보라고 말씀하시네요.

쉬운 일이 아니랍니다.
그런데 우리 신앙의 선배들이 잘 참았듯이
우리들도 참아야 하는거지요.

잘 참으세요.

하나님께서 가장 좋은 방법으로 해결해 주실 겁니다.
성경은
마음의 소원을 이루어 주신다고 했구요.
땅도 주시겠다고 했답니다.
환란 때에 부끄럽지 않게 하시며
기근 날에 풍족하게 하시겠다고 하셨지요.
그리고 자손도 형통하게 하시겠다고
약속하셨답니다.

행악자 때문에 불평하지 마세요.
예수님처럼 견디는 겁니다.

나발의 죽음과 장례의 마침은 다윗에게 새로운 감정과 생각을 갖게 했습니다. 총명할 뿐만 아니라 미모가 아름다웠던 아비가일에 대한 거였습니다. 미갈과의 헤어짐 이후로 혼자 살아왔던 다윗입니다. 미갈을 다시 만날지는 모르겠으나 심심치 않게 들려오는 소식은 사울 왕이 미갈을 다른 남자에게 큰 지참금을 받고 결혼을 시키려고 한다는 것이었습니다. 남자는 갈림 땅에 사는 라이스라는 부자의 아들 발디라는 총각이랍니다. 믿고 싶지는 않았으나 사울 왕이라면 충분히 그럴 수 있다는 생각이 들었습니다.

주위의 사람들이 다윗에게도 혼인을 권면했습니다. 그리고 나발의 죽음은 곧 아비가일과의 혼담(婚談)으로 이어졌습니다. 다윗도 싫지 않았습니다. 얼마 후에 결정했습니다. 그리고 아비가일에게 사람을 보내어 마음을 전달케 했답니다.

"이보게, 아비가일이 상을 마치고 혼자 지내고 있다지? 그 여인에게 다녀오게나. 다윗이 만나고 싶다고 말이야."

「다윗이 아비가일로 자기 아내를 삼으려고 보내어 그에게 말하게 하매」(:39하)

아비가일의 집입니다. 장례가 마쳐졌지만 주인의 죽음은 계속적으로 이 집안을 침울하게 했습니다. 아비가일 혼자 이 큰 재산을 움직인다는 것이 쉽지가 않았습니다. 물론 그보다도 아름다운 젊은 여인이 혼자 산다는 것이 큰 집의 종들 보기에도 민망했습니다. 아비가일은 태연한 척 했습니다만 그녀에게도 외로움이 찾아오곤 했습니다. 그러면서 종종 생각나는 것이 다윗 장군이었습니다. 이루어질 수 없는 현실이라는 것은 알고 있었지만 혼자된 아비가일로서는 즐겁고 자유롭게 할 수 있는 상상이었습니다. 나발이 살아 있을 때 그런 생각이 나면 죄책감이 들었습니다만 나발도 죽고 혼자된 몸으로서는 죄책감도 들지 않았습니다. 그냥 스며드는 생각으로 받아들였습니다. 다윗은 멋있지만 이미 아내가 있는 사람이고 그 아내는 사울 왕의 딸이라는 것은 세상이 다 알고 있는 일이었습니다. 아무튼 아비가일은 생각하고 싶지 않은 즐거운 생각들로 가끔은 깜빡 정신을 잃곤 했답니다.

손님이 왔다고 합니다. 으레이 상(喪)을 당한 것에 대한 인사이거나 아니면 깎고 있는 양털 매매로 인해 사업차 온 사람으로 생각되었습니다. 밖을 나가보니 그런 목적의 사람들은 아닌 것 같았습니다. 거친 모습입니다. 손님들은 물어 볼 기회도 주지 않고 이야기합니다.

"다윗 장군께서 보내서 왔습니다!"

그 소리를 듣자… 아비가일의 심장은 갑자기 뛰었고 온 몸이 화끈거렸습니다. 그러나 침착을 유지하기 위해서 약간의 미소를 보이며 거실로 모셨습니다. 귀한 분(?)이 보낸 손님이기 때문입니다.

아비가일은 다윗 장군의 공동체에 무엇이 필요하기에 도움을 요청하러 왔다고 생각했습니다. 다윗 장군께서 어떤 도움을 요청하신다 하더라도 도움을 드려야지요. 아니 요청하지 않더라도 아비가일의 마음은 많이많이 드리고 싶은 마음이었습니다. 손님들을 위해 약간의 다과와 차를 준비 시켰습니다. 따끈한 차를 한 모금 들이킨 손님들이 아비가일을 바라보더니 이렇게 말하기 시작했습니다.

「다윗이 당신을 아내로 삼고자 하여 우리를 당신께 보내더이다」(:40)

갑작스런, 그리고 기대할 수 없던… 그러나 혹시 하면서 혼자만 비밀로 기대하던 말입니다. 아비가일은 온 몸이 불덩이가 됩니다. 달아오르는 얼굴 표정을 감출 수가 없었습니다. 그녀는 자리에서 일어났습니다. 그리고 몸을 굽혀 얼굴을 땅에 대었습니다. 손님에게 빨개진 얼굴을 보이지 않기 위해서였습니다. 그리고 계속 말을 이었습니다.

"무슨 말씀을 하시는지... 이 여종은 나리들의 발을 씻길 사람일 뿐 입니다."

「내 주의 여종은 내 주의 사환들의 발 씻길 종이니이다」(:41)

아비가일은 뛰는 가슴을 억제하기가 어려웠습니다. 지혜롭고 침착하고 사려 깊은 여인입니다만, 가끔 상상은 했었지만... 기대할 수 없었던 일이 일어남에 대해 아비가일의 가슴은 혼돈 자체였습니다. 그러나 그녀는 망설이지 않았습니다. 생각할 시간과 기회를 달라고 하지 않았습니다. 대답을 기다리는 다윗님에게 자신의 마음을 소식을 가지고 온 사람들의 입을 빌려서 알려 드리고 싶지 않았습니다. 모두가 거추장스러운 것들이었습니다. 그녀는 다윗에게 달려가 그의 가슴에 자신의 사모함을 파묻음으로 대답하고 싶었습니다.

「급히 일어나서 나귀를 타고 따르는 처녀 다섯과 함께 다윗의 사자들을 따라 가서 다윗의 아내가 되니라」(:42)

다윗과 아비가일의 부부됨은 다윗에게 또다른 경험을 가져다 주었답니다. 재산 관리 경험입니다. 다윗은 힘든 사람들을 규합해서 군대를 만들기도 했습니다. 그 과정에서 대단한 '사람 다룸'의 기술을 익혔지요. 자기 지파 사람들에게서 조차 오해받고 외면 당하면서 인생의 잔인함(?)을 배우며 서글픔을 삼키는 고독의 훈련도 했지요. 그런데 이번에는 돈 만지는 경험을 하는 겁니다. 아비가일은 엄청난 부자였거든요. 왕이 된다는 것은 나라의 돈을 사용할 줄 알아야 하기에 아비가일과의 만남을 통해 그걸 배우고 있는 겁니다. 하나님께서 다윗을 훌륭한 왕으로 만드시기 위해 여러 가지 경험을 하게 하시는 겁니다.

⓬ 삼상 25:43-44

잠시 누리는 풍부와 재미 속에서

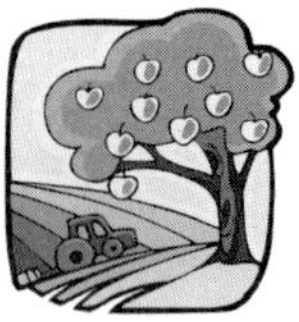

아비가일을 아내로 맞이한 다윗은 참깨를 볶는 냄새를 풍기며 신혼의 '티'를 내면서 지냈습니다. 싱글벙글 웃는 모습이 촌스러웠습니다만 다윗의 신혼은 오랜만에 누리는 안식이었습니다. 아비가일이 가지고 온 변화는 가정을 이룸만이 아니었습니다. 아비가일의 큰 재산이 모두 다윗의 손에 들어 온 것입니다. 하룻밤 사이에 다윗은 거부(巨富)가 된 것이지요. 이제는 광야의 거지가 아니라 재물과 군사 그리고 사람들을 거느린 작은 군주였습니다. 어느 누구도 무시할 수 없고 함부로 할 수 없는 실제적인 힘을 가진 군주가 된 것입니다.

다윗에게는 훈련된 용사들이 있었습니다. 처음 저들이 아둘람 굴에 모였을 때는 대부분이 도망자였습니다. 모두가 상처입고 한에 맺혀 갈 곳도 없는 광야의 부랑자들이었지요. 그러나 다윗이 하나님으로부터 광야 학교 수업을 받으면서 변화하는 동안 저들은 다윗을 보면서 다윗을 존경하게 되었고 사랑하게 되었습니다. 물론 하나님도 함께 배워가면서요. 그리고 뚜렷이 할 일이 없던 광야 생활 중에 저들은 힘을 길렀습니다. 이제 저들은 힘있는 강한 자들로 커가고 있었습니다.

돈, 힘, 평안이 있는 동안 다윗은 재미를 봅니다. 장가를 한 번 더 갔답니다.

「다윗이 또 이스르엘 아히노암을 취하였더니 그들 두 사람이 자기 아내가 되니라」(:43)

이때 얻은 아내 아히노암이 다윗의 첫 아들을 낳게 됩니다. 암논입니다. 후에 그는 다윗 가정과 다윗 자신을 고통스럽게 만드는 스타트(start)가 됩니다.

⑬ 삼상 26:1-5

십 사람들의 고민

바란 광야에 몇 년 동안 피해 있던 다윗은 많이 변해 있었습니다. 힘을 키웠고 재산이 생겼으며 사람들도 많았습니다. 그리고 가정도 이루었습니다. 다윗은 자기 사람들을 언제까지 광야의 동굴을 처소로 있게 할 수만은 없었습니다. 그래서 사람들과 재산을 가지고 고향 유대 땅으로 들어 갔습니다. 그리고 그 많은 사람들이 안전하게 피할 수 있는 곳으로 십 땅 근처인 하길라 산을 택했습니다.

십 사람들은 다윗과 그 무리들이 하길라 산에 머무르는 것을 보았습니다. 십 사람들은 전에 다윗과 그의 사람들을 사울 왕에게 고발했던 사람들이었습니다. 그 일로 인해 다윗과 그의 사람들이 얼마나 고생을 했는지 십 사람들도 잘 알고 있었습니다. 다윗이 그 때 붙잡히지 않고 도망 다니다가 다시 온 것입니다. 사람들은 다윗의 생명이 끈질기다는 생각을 했습니다. 그런데 나타난 다윗은 전혀 뜻밖의 모습이었습니다. 초라하고 더러운 거렁뱅이나 부랑아가 아니었습니다. 외모부터 잘 다듬어진 모습이고 품위가 있어 보였습니다. 그를 모시는 사람들(?)의 모습도 정예군인의 차림이었습니다. 아니 모든 사람들이 잘 훈련된 군인들 같았습니다. 게다가 다윗 옆에 있는 아름다운 두 여인은 왕비 같은 모습이었습니다. 소문대로 다윗은 왕같았답니다.

십 사람들은 고민이었습니다. 만일 다윗이 왕이 된다면 지난번 사울왕에게 다윗을 고발했던 일로 인해 보복 당할 것이 분명했기 때문입니다. 이것이 걱정이 된 십 사람들... 이번에는 어떤 일이 있어도 다윗을 제거해야 한다는 생각이 들었습니다. 그래서 기브아에 있는 사울에게 찾아가 자기들의 땅에 나타난 다윗과 그 무리들을 고발합니다.

「십 사람이 기브아에 와서 사울에게 이르러 가로되 다윗이 광야 앞 하길라 산에 숨지 아니하였나이까」(:1)

다른 사람에게 나쁜 짓을 한 사람은
그 사람이 성공하기를 원치 않습니다.
왜냐하면 그 사람이 성공을 하면 자신이 행했던 악행에 대해
보복을 받을까 하는 걱정 때문입니다.

십 사람들처럼 말입니다.

혹 우린... 다른 사람이 성공할 것을 두려워하지는 않겠죠?

사울 왕의 공격은 여전히 살기가 등등했습니다. 십 사람들로 인해 다윗이 있는 곳을 알게 된 사울 왕은 마치 전쟁을 준비하는 것처럼 사람들을 모았습니다. 약 3,000명 정도 되는 군사였습니다. 이들과 함께 십 사람들이 말한 다윗 있는 곳으로 가는 것입니다. 대단한 군사 이동이었습니다.

다윗도 자기 사람들과 함께 사울 왕과 군사들이 온다는 정보를 들었습니다. 저녁에 도착한 사울 왕과 그의 군대가 밤을 지내기 위해서 진을 쳤습니다. 다윗을 잡기 위해 군사들과 함께 와서 진을 치고 있는 사울 왕을 보고 있는 다윗... 전 같으면 두렵고 무서워서 도망가기에 바빴을 텐데... 이번에는 그렇지 않았습니다.

날렵하고 지혜로운 부하 한 사람을 불렀습니다. 그리고는 사울 왕 진영에 들어가 군사들의 상태를 살펴보고 오라는 겁니다.

"이 보게나, 자네가 저 군대 속으로 다녀오게. 수천이 되는데 혹 사울 왕도 함께 왔는지 정황을 살펴보게나..."

「이에 탐정을 보내어 사울이 과연 이른 줄 알고」(:4)

탐정으로 갔던 병사는 대단한 용기와 꾀를 가지고 이스라엘 군사들의 틈으로 들어갔습니다. 이상하게도 군사들은 기운이 없어 보인다는 느낌이 들었습니다. 여기저기서 크게는 못하지만 수순거리는 것이 사울 왕의 쓸데없는 군사 이동에 불만을 터뜨리는 목소리였습니다. 탐정으로 간 병사는 사울 왕과 그의 참모들이 있는 곳으로 갔습니다. 다윗에게 적진의 정확한 군사 배치를 보고하기 위한 충성심에서였습니다. 사울 왕 주변에 있는 참모진들은 만만한 상대가 아니었습니다. 용감하기로 이름난 군대장관 아브넬이 가까이서 왕을 경호하고 있었고 그 옆에는 또 다른 군사들이 역시 왕을 중심으로 진을 치고 있었습니다.

「일어나 사울의 진 친 곳에 이르러 사울과 넬의 아들 군대장관 아브넬의 유하는 곳을 본즉 사울이 진 가운데 누웠고 백성은 그를 둘러 진쳤더라」(:5)

주인을 위한 충성... 용기 그리고 세심함... 으로 나타났네요.
아름다움이랍니다.
이런 종... 있는 사람 행복한 사람이구요.
우리 주님에 대한 충성에도 용기가 있어야 하구요.
우리 주님 무엇을 원하실까?
생각하는 가운데 세심한 행동 필요하답니다.

이스라엘 진영에 들어갔다가 온 병사의 보고를 받은 다윗은 사울 왕 진영으로 가까이 갔습니다. 자신을 잡기 위해 사울 왕과 그의 군대가 가까이 온 것을 알고도 전혀 동요하지 않는 겁니다.

힘을 가진 다윗은 분명 전과는 다른 모습이었답니다.

⑭ 삼상 26:6-12

살짝 다녀온 다윗과 아비새

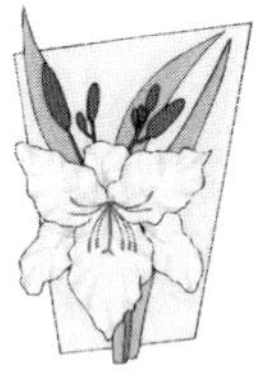

분명 다윗은 힘이 생겼습니다. 그에게 잘 정비된 군대가 있다는 듯 군사들의 이름이 묘사되고 있기 때문입니다. 아히멜렉(헷 사람)과 아비새(스루야의 아들 요압의 아우)입니다. 아히멜렉은 이방 사람입니다. 이 말은 이스라엘 사람뿐만 아니라 이방 사람들도 다윗의 진영에 많이 들어와 있다는 것을 의미합니다.

다윗은 사울 왕의 진에 내려 갈 것을 결심했습니다. 그리고 함께 가기를 꺼려하지 않는 아비새를 데리고 갑니다. 아마 아비새도 다윗의 조카라는 이유로 사울 왕에게 상당한 박해를 받았을 것이 분명합니다. 그래서 다윗이 사울 왕에게 가자고 했을 때 망설이지 않은 것 같습니다.

「이에 다윗이 헷 사람 아히멜렉과 스루야의 아들 요압의 아우 아비새에게 물어 가로되 누가 나로 더불어 진에 내려가서 사울에게 이르겠느냐 아비새가 가로되 내가 함께 가겠나이다」(:6)

깊은 밤이었습니다. 응당 사람들은 왕 사울을 지키기 위해 보초를 섰겠습니다만 모두가 긴 행군에 피곤하였는지 정신없이 자고 있었습니다. 군대 장관이라고 하는 아브넬도 골아 떨어져 있었습니다. 물론 다윗이 쳐들어 올 것이라고는 생각도 못했기에 긴장이 풀어져서 그런 것이었겠죠.

다윗과 아비새는 골아 떨어진 사울의 군사들을 넘어 사울 왕의 처소에 이르렀지요. 모습들이 우스웠습니다. 시체 같이 골아 떨어진 군사들을 지나가면서 이스라엘의 정신상태가 어떤지를 알 수 있었답니다. 사울 왕 앞에 이르렀습니다. 왕은 피곤했는지 코를 골면서 자고 있습니다. 그 옆에는 창이 꽂혀 있었고 자다가 깨면 마시려 했는지는 몰라도 물병이 하나가 있었습니다.

「다윗과 아비새가 밤에 그 백성에게 나아가 본즉 사울이 진 가운데 누워 자고 창은 머리 곁 땅에 꽂혔고 아브넬과 백성들은 그를 둘러 누웠는지라」(:7)

코를 골면서 세상 모르고 자는 사울 왕을 보자 아비새는 하나님께서 주신 원수 갚는 기회라고 생각했습니다.

"다윗, 이거야말로 하나님께서 우리에게 기회를 주시는 겁니다. 원수를 죽일 수 있는 절호의 기회입니다. 단 번에 죽여 버립시다."

「아비새가 다윗에게 이르되 하나님이 오늘날 당신의 원수를 당신의 손에 붙이셨나이다 그러므로 청하오니 나로 창으로 그를 찔러서 단번에 땅에 꽂게 하소서 내가 그를 두 번 찌를 것이 없으리이다」(:8)

사건을 보는 눈... 그리고 그에 대한 해석과 행동...
어떤 것을 기준으로 해서 보고 있느냐 하는 것이지요.
기준이 "나" 자신이라면 곤란합니다.
목표가 나를 위한 것이라면 곤란하지요.
기준은 언제나 성경이어야 합니다.
목표는 언제나 하나님께 기쁨을 드리는 것이어야 한답니다.
아비새의 눈, 해석 그리고 행동...
자신이 기준이 되어 자신을 위한
목표를 행하고 있답니다.

아비새의 말을 들은 다윗은 한참이나 아비새를 쳐다보고 있었습니다. 마치 답답하다는 것처럼... 한심하다는 것처럼... 그러더니 입을 열었습니다. 그의 말은 부드럽고 설득하는 말이었습니다.

"이보게나, 그런 소리하지 말게나. 내 자네의 마음을 모르는 건 아니지만 왕의 생명은 우리의 소관이 아니라네. 어쨌거나 하나님이 기름 부은 사람이야! 그가 할 일을 다 했다면 그에게 기름 부으신 하나님께서 알아서 하실 것일세. 우리가 하나님께서 기름 부은 사람을 치게 된다면 월권(越權)이 아니겠는가! 때가 되어 하나님께서 왕을 처리하신다면 죽을 날이 이르거나 전장에서 죽이시겠지."

다윗은 한참이나 말을 잇지 못하고 있었습니다. 그러더니 아비새를 보고 다시 말을 합니다.

"여보게, 내 손으로 하나님의 기름부음 받은 사람을 치는 것은 할 수 없다네. 하나님께서 금하시는 거야! 그러니 이 창과 물병만 가지고 가세나. 우리가 왔다 갔다는 흔적만 남기면 혹시 왕의 마음이 부드러워져서 우릴 쫓는 것을 그칠지도 모르지."

「다윗이 아비새에게 이르되 죽이지 말라 누구든지 손을 들어 여호와의 기름부음을 받은 자를 치면 죄가 없겠느냐 또 가로되 여호와께서 사시거니와 여호와께서 그를 치시리니 혹 죽을 날이 이르거나 혹 전장에 들어가서 망하리라」(:9–10)

엔게디 굴에서의 사건이 생각납니다.
볼 일 보기 위하여 들어온 사울 왕…
그때 다윗은 왕을 죽일 기회가 있었으나
여호와의 기름부음을 받은 자이기에 옷자락만 베었었지요.
그 때 다윗의 마음은 무척이나 고왔고 아름다웠습니다.
그런데 그 마음이 변하지 않고 그대로 있네요.
오히려 지금은 사울 왕을 죽이면
자신에게 속한 사람들만으로도 정권을 세울 수 있을 만큼 힘이 있는 때입니다.
그러나 다윗의 마음… 진정 고왔습니다.
그가 왕이 되고 싶은 마음이 있었는지 없었는지는 모르지만
적어도 역사를 이끌고 가시는
하나님을 신뢰하고 있는 것만은 분명합니다.
다윗… 적어도 하나님의 역사의 맥은
사람이 무엇을 도와드리거나 할 수 있는 것이
아님을 그는 알고 있었습니다.
사울 왕을 죽게 하는 것은 하나님의 하실 일이지
사람이 할 일이 아니라는 겁니다.
그의 이러한 확신… 나발 사건을 통해서 배운 것 아닐까요?

우리의 하나님 신뢰가 여기까지 되어야 합니다.
악을 제거하기 위하여 사람을 해치는 일은
하나님께서 금하시는 것임을 알아야 합니다.
다른 것도 마찬가지이지만
생명만은 하나님의 관할이기 때문입니다.
또 한 번의 테스트(Test)였습니다.
이번 테스트는 지난번과는 달랐습니다.
지난번은 힘이 없을 때 받은 테스트였습니다.
그러나 이번 테스트는 힘이 있을 때입니다.
광야 학교는 다윗으로 하여금 스스로 설 수 있는 힘이 있을 때도
교만으로 쓰러지지 않을 수 있는 사람으로
만들어 놓은 것입니다.

⓯ 삼상 26:13-25

마지막 대화들

다윗이 사울 왕의 진영을 침입한 때는 한 밤중이었습니다. 조용하고 시끄러운 것들을 어두움 속에 잠을 재우고 있는 동안 다윗과 아비새는 그 어둠을 헤치고 사울 왕의 창과 물병을 가지고 돌아왔습니다. 사울 왕 진영의 모든 사람들은 푹 잘 잤습니다. 아직은 잘 보이지 않지만 동쪽에서 올라오는 태양이 어두움을 깨뜨리기 시작할 때였습니다. 사울 왕은 오늘만은 다윗과 그 무리들을 소탕한다는 각오를 가지고 일어났습니다.

그때 먼 산꼭대기에서 아브넬의 이름을 부르는 소리가 들렸습니다.

"아브넬, 아브넬! 대답하거라!"

자기 이름을 부르는 소리에 아브넬이 깜짝 놀랐습니다. 졸지에 사울 진영의 모든 사람들이 그 소리에 놀라고 사울 왕도 놀란 표정으로 소리가 나는 곳을 바라보았습니다. 거리가 너무 멀어서 누가 누구를 부르는지 잘 알아 볼 수가 없었습니다. 아브넬을 부르는 소리를 들은 사람들 모두는 숨을 죽이고 무슨 소리인가 하여 귀를 기울였답니다.

"아브넬 이 놈아! 네가 이스라엘 왕을 지킨다는 명목으로 벼슬을 얻고 나라의 녹을 먹고사는 놈이냐? 네가 이스라엘 제일의 용사라고 자칭하는 놈이냐? 그렇다면 밥값을 해야 할 것 아니냐! 이스라엘 사람 중에 한 사람이 네가 지킨다는 왕을 죽이려고 갔었음을 알지도 못하면서 나라의 녹을 받아먹는다는 게 한심하구나! 아브넬 이 놈아! 하나님께서 기름 부은 왕을 그렇게 허술하게 경호한다는 게 얼마나 큰 죄인지 아느냐?"

아브넬은 황당했습니다. 자신의 관직까지 들먹거리면서 그리고 왕을 보호도 하지 못하는 무능력한 군대장관이라고 욕을 하는 소리를 들으니 황당할 수밖에요. 일반 군사들도 황당하기는 마찬가지였습니다. 아니 사울 왕까지도 그랬습니다. 다윗이 하는 말을 들은 모든 사람들은 말 같지도 않은 소리를 한다고 생각할 틈도 없이, 하는 말이 사실인지를 가름할 말을 들었답니다.

"아브넬 이 놈아! 내 말이 말 같지 않게 들리냐? 네가 경호하는 왕의 창과 왕 머리 곁에 있던 물병을 찾아보면 사실임을 알게 아니냐?"

사울 왕 진영은 웅성거렸습니다.

"왕의 창과 물병이 여기 있다. 이 놈들아!"

「다윗이 백성과 넬의 아들 아브넬을 대하여 외쳐 가로되 아브넬아 너는 대답지 아니하느냐 아브넬이 대답하여 가로되 왕을 부르는 너는 누구냐 다윗이 아브넬에게 이르되 네가 용사가 아니냐 이스라엘 중에 너 같은 자가 누구냐 그러한데 네가 어찌하여 네 주 왕을 보호하지 아니하느냐 백성 중 한 사람이 네 주 왕을 죽이려고 들어갔었느니라 네 행한 이 일이 선치 못하도다 여호와께서 사시거니와 여호와의 기름 부음 받은 너희 주를 보호하지 아니하였으니 너희는 마땅히 죽을 자니라 이제 왕의 창과 왕의 머리 곁에 있던 물병이 어디 있나 보라」(:14-16)

이야기를 듣고 있던 사람들은 아브넬을 쳐다보았습니다. 아브넬의 표정이 일그러져 있었습니다. 산꼭대기에서 소리친 대로 사울 왕 머리 곁에 두었던 창과 물병이 없어졌기 때문입니다. 아브넬의 직무유기(職務遺棄)입니다. 왕의 생명을 보호해야 하는 자가 왕의 생명을 보호하기는커녕 잠만 자고 있었다는 증거였습니다. 왕이 살해되지 않았기에 망정이지 사실 왕의 목숨은 죽은 목숨이었습니다. 자신의 육체적 편안함을 위해서 왕의 신변을 팽개친 놈이라는 말이지요. 산꼭대기에서의 소리는 사울 왕에 대한 아브넬의 불충성을 고발하고 있는 외침이었습니다. 사울 왕을 위한다는 명분으로 부귀영화를 누리고 있지만 실제로는 자기 몸만 챙길뿐 왕을 전혀 위하지 않는 사람이라고 하는 것이지요.

이 소리는 아브넬에게 한 말이 아닙니다.
사울 왕 들으라고 하는 말이었습니다.

다윗 자신은 진정 왕을 위하는 사람임을 말하고 있는 겁니다.
사울 왕이 생각하는 것처럼
역모를 꾸며 정부를 뒤집고 스스로 왕이 되려고 한다는 것이
전혀 사실이 아님을 증명해 보이고 있는 겁니다.
우리가 살면서 우리에게 하는 말인데
우리에게 하지 않는 말이 있답니다.
미련한 사람은 못 알아듣지요.
지혜로운 사람은 알아듣는답니다.
우리의 귀… 알아듣는 귀(?) 필요하답니다.
그래서 예수님께서 말씀하셨어요.
"귀 있는 자(?)는 들을지어다"라고.

산꼭대기의 소리가 다윗의 소리임을 사울 왕이 모를 리가 없었습니다. 자신의 창과 물병이 진짜 없어진 것을 확인한 사울 왕은 몸을 돌려 아브넬을 쳐다봅니다. 왕의 눈과 마주친 아브넬은 어찌할 바를 모르고 몸이 굳어 버렸습니다. 떨고 있습니다. 한 마디 변명도 할 수 없이 완벽한 궁지에 몰린 것입니다. 주변의 병졸(兵卒)들은 괴팍한 성격의 사울 왕이 아브넬을 어떻게 할 것인지에 대해 초긴장 상태였습니다. 그런데 이내 사울 왕은 무슨 생각을 한 건지 얼굴을 소리가 나는 산으로 돌렸습니다. 그리고 울음과 애처로움이 섞인 목소리로 말했습니다.

「내 아들 다윗아 이것이 네 음성이냐?」(:17중)

사울 왕의 소리를 들은 다윗… 힘있는 다윗은 지난 날 힘이 없을 때처럼 말했답니다.

“전하, 전하는 어찌하여 이 녀석을 쫓으시나이까? 소인은 아무런 허물이 없는 걸 아시지 않사옵니까? 저를 죽이게 하시는 분이 하나님이시라면 몰라도 전하 주변에 있는 간신들에게 충동되시어 이 사람을 죽이려 하신다면 전하를 충동하는 무리들이 저주를 받을 것이옵니다. 전하, 벼룩만도 못한 이 놈을 쫓지 마시옵소서.”

「내 주는 어찌하여 주의 종을 쫓으시나이까 내가 무엇을 하였으며 내 손에 무슨 악이 있나이까 청컨대 내 주 왕은 이제 종의 말을 들으소서 만일 왕을 격동시켜 나를 해하려 하는 이가 여호와시면 여호와께서는 제물을 받으시기를 원하나이다마는 만일 인자들이면 그들이 여호와 앞에 저주를 받으리니 이는 그들이 이르기를 너는 가서 다른 신들을 섬기라 하고 오늘날 나를 쫓아내어 여호와의 기업에 붙지 못하게 함이니이다 그런즉 청컨대 여호와 앞에서 먼 이곳에서 이제 나의 피로 땅에 흐르지 말게 하옵소서 이는 산에서 메추라기를 사냥 하는 자와 같이 이스라엘 왕이 한 벼룩을 수색하러 나오셨음이니이다」(:18-20)

다윗의 말솜씨가 보통이 아닙니다. 생각이 깊은 말입니다. 다윗이 사울 왕에게 하는 말을 주변의 병졸(兵卒)들이 다 함께 듣고 있는 상황입니다. 군졸들도 사울 왕이 다윗을 미워해서 죽이려고 한다는 사실을 다 알고 있습니다. 다윗이 그렇게 말한다 하더라도 상관없습니다. 그러나 다윗의 말은 사울 왕의 체면을 전혀 손상시키지 않고 있습니다.

사울 왕의 지금 행위... 왕이 나빠서가 아니라 옆에서 왕을 충동질하는 '나쁜 놈' 들 때문이라고 하면서 사울 왕의 자존심을 병사들 앞에서 지켜주고 있는 것입니다. 그 '나쁜 놈' 들이 다윗을 쫓아내고 하나님의 축복을 받지 못하도록 하는 무리라고 말합니다. 그러면서 그 나쁜 놈들의 음모로 인해 객지에서 죽지 않게 해달라고 애원을 하고 있는 겁니다. 그 나쁜 놈들의 충동으로 인해 왕이 쫓는 다윗... 자신을 벼룩 같은 존재라고 하면서 살려 달라고 애원하고 있는 겁니다.

사울이 다윗을 미워하고 죽이려고 했습니다만 다른 한편으로는 사울 왕을 충동질하여 격동케 하는 못된 사람들도 있었습니다. 다윗은 지금 그 사람들을 사울 왕에게 고발하고 있습니다. 사울 왕이 자신을 죽이려고 하는 것은 단지 「나쁜 놈」들 때문이라고 말하는 것입니다. 그러면서 시를 써서 고발을 하였답니다.

「여호와 내 하나님이여 주께 피하오니 나를 쫓는 모든 자에게서 나를 구하여 건지소서 건져낼 자 없으면 저희가 사자 같이 나를 찢고 뜯을까 하나이다 여호와 내 하나님이여 내가 이것을 행하였거나 내 손에 죄악이 있거나 화친한 자를 악으로 갚았거나 내 대적에게 무고히 빼앗았거든 원수로 나의 영혼을 쫓아 잡아 내 생명을 땅에 짓밟고 내 영광을 진토에 떨어뜨리게 하소서(셀라) 여호와여 진노로 일어나사 내 대적들의 노를 막으시며 나를 위하여 깨소서 주께서 심판을 명하셨나이다 민족들의 집회로 주를 두르게 하시고 그 위 높은 자리에 돌아오소서 여호와께서 만민에게 심판을 행하시오니 여호와여 나의 의와 내게 있는 성실함을 따라 나를 판단하소서 악인의 악을 끊고 의인을 세우소서 의로우신 하나님이 사람의 심장을 감찰하시나이다 나의 방패는 마음이 정직한 자를 구원하시는 하나님께 있도다 하나님은 의로우신 재판장이심이여 매일 분노하시는 하나님이시로다 사람이 회개치 아니하면 저가 그 칼을 갈으심이여 그 활을 이미 당기어 예비하셨도다」(시 7:1-12)

다른 사람의 처지를 곤란하게 하지 않도록 말하는 것
성숙한 사람이 하는 말씨입니다.
더군다나 나를 미워하고 괴롭히는 사람을
곤란에 빠뜨리지 않도록 말한다면 더 훌륭하겠지요.
우리의 말이 공동체 속에서 혹 상대방을
민망하게 하지 않는지 생각해 보아야 합니다.
입장을 바꿔서 생각한 뒤 말하세요.
그러면 우리의 말이 한결 부드러워질 수 있답니다.
그런 사람이 존경받는 것은 물론이겠지요.
농담까지도 다른 사람을 세워줄 수 있도록 하세요!

다윗의 말은 사울 왕을 감동시켰습니다. 악인은 범죄를 완벽하게 하여 다른 사람을 속게 할 수 있습니다만 자신이 행한 음모와 죄악에 대하여 스스로는 적나라하게 알고 있는 것입니다. 그렇기에 다윗이 아무리 사울 왕의 추적 원인을 충동질하는 나쁜 놈에게 돌린다 하더라도 사울 왕은 자신이 나쁜 놈인 것을 알고 있습니다. 그리고 군중 사이에 서 있는 자신을 망신시키지 않게 하려는 다윗의 노력을 알 수 있었습니다. 그래서 사울 왕은 감동을 받아 뉘우치는 것같네요.

"다윗아, 내가 잘못했구나. 내가 잘못했어. 내 진심으로 말하노니 돌아오거라. 내가 결코 너를 해하지 않을 것이니 돌아와! 돌아오라구!"

「내가 범죄하였도다 내 아들 다윗아 돌아오라 네가 오늘 내 생명을 귀중히 여겼은즉 내가 다시는 너를 해하려 하지 아니하리라 내가 어리석은 일을 하였으

니 대단히 잘 못되었도다」(:21)

사울 왕의 울먹거리는 소리를 들은 다윗은 마음이 편치 않았습니다. 나이 많은 어른, 많이 늙어 보이는... 왕복을 입었습니다만 왠지 불쌍해 보이는 모습... 그 왕이 울먹거리는 소리를 들으니 미안한 것입니다. 그래서 무슨 말을 할까 망설이다가 왕에게 이렇게 말했답니다.

"왕이시여! 사람을 이리로 보내십시오. 여기 왕의 창과 물병이 있습니다. 제가 잠시 무례를 행하였음을 용서하시고 제가 가지고 온 이것들을 가지고 갈 사람 하나를 보내시지요! 왕이시여, 저는 왕을 존경합니다. 그런데 왜 왕을 헤하려 하겠습니까? 하나님께서 기름 부으신 분을 제가 존중히 여기는 것은 마땅한 것입니다. 제가 왕의 생명을 존중히 여기고 있음은 하나님이 아시고 계십니다. 단지 그 하나님께서 제 생명도 귀하게 여겨 주시기를 바라는 마음뿐입니다."

왕의 생명을 귀하게 여긴 다윗...
배워서 그런 거지요. 모진 훈련을 통해 배운 거랍니다.
고난은 불필요한 게 아닙니다. 고난 속에 감추어진 의미가 있고
고난을 통해서만 얻을 수 있는 축복들이 있는 거랍니다.
고난이라는 훈련 도구는
한 사람의 인격을 하나님 수준까지 만들어 간답니다.

지금 당하고 있는 아픔, 고통…

고난이라고 생각하지 마시구요.

'그 날'의 영광스러움을 위한 고된 훈련이라고 생각하세요.

지금은 광야 학교 수업 중이라고 생각하세요!

이 말에 사울 왕이 진정 다윗으로부터 감동을 받았는지, 아니면 위기를 모면하기 위한 쇼를 하고 있는 건지, 아니면 하나님으로부터 받은 말을 의미도 모르고 하고 있는 건지, 아무튼 사울 왕에겐 어울리지 않는 말을 하고 있습니다. 축복한다고…

「사울이 다윗에게 이르되 내 아들 다윗아 네게 복이 있을지로다 네가 큰 일을 행하겠고 반드시 승리를 얻으리라 하니라」(:25상)

두 사람… 그리고는 자기 길로 갔답니다.

「다윗은 자기 길로 가고 사울은 자기 곳으로 가니라」(:25하)

26장의 마지막 글귀입니다.

그들은 각각 자기 길, 다른 길로 갔답니다.

그런데 그 후로 두 사람은 다시 만날 수 없었답니다.

영원히.

어떤 사람은 이 땅에서는 헤어진다 하더라도

저 세상에서는 만날 소망이 있기에 헤어짐의 슬픔을 접습니다만

이 두 사람은 저 세상에서도

만나지 못하는 헤어짐이 되었답니다.

마치 누가복음에 나오는 부자와 거지 나사로처럼

만나면서 살다가… 헤어진 후

영원히 만날 수 없는 각각의 자기 길로 가서

산 것처럼 말입니다.

우리의 함께 하는 삶… 분명 헤어질 건데요…

다시 만날 약속 갖고 헤어질 건지 아니면

영원히 만나지 못할 헤어짐인지… 생각하시자구요.

〉〉 열한 번째 이야기 삼상 27-28장

정신나간 사람들

윗은 600명과 그들의 가족을 데리고 블레셋 땅 가드로 갔습니다. 지난번에 도망 왔던 땅입니다. 사람들이 자신을 골리앗을 죽인 이스라엘 영웅인줄 알고 죽이려고 했을 때 미친 척하면서 빠져나온 그 땅입니다. 그 때는 혼자였습니다. 힘이 없었을 때입니다. 그러나 지금은 다릅니다. 정예군 600명을 데리고 나타난 장수입니다. 그리고 그 군인들과 함께 블레셋에 거하면서 가드 왕의 수하에서 명령을 받고 따르는 블레셋 군에 영입하겠다고 하는 겁니다. 블레셋 가드 왕이 싫지 않았습니다. 잘 훈련받은 군인 600명을 공짜로 얻는 거였 기 때문입니다. 게다가 다윗이라는 명장을 부하로 둔다는 것이 괜찮다는 생각 때문이었습니다. 아기스 왕은 자신의 측근들과 함께 오랫동안 그리고 신중하게 의논을 한 후 결정했답니다. 다윗과 그의 사람들을 받아 주기로. 물론 블레셋의 모두가 좋아 한 것은 아니었습니다. 새로운 세력으로 등장한 다윗 그것도 이스라엘 사람이 블레셋의 군사력의 한 부분이 된다는 것이 어떤 사람들

❶ 삼상 27:1-4

믿음이 아닌 걱정을 따른 망명

사울과 다윗의 헤어짐 이후 다윗에게는 갑작스런 두려움과 걱정이 밀려 왔습니다. 언제나 용감한 믿음의 행위와 승리 이후에는 파도같은 두려움이 오는가 봅니다. 오래 전 갈멜 산에서 엘리야 선지자가 겪은 위대한 영적전쟁을 치룬 후에 있었던 그런 두려움이었나 봅니다. 갈멜 산에서 큰 승리를 얻었음에도 불구하고 갑작스런 공포로 인해 남쪽 끝으로 줄행랑을 쳐서 아무도 오지 않는 곳에 이르러 로뎀 나무 아래 숨어 있었던 것 같은...

어쨌든 밀려오는 두려움은 사울 왕이 또 군사들을 풀어서 자신과 공동체를 수색할 것이라는 것이었고, 또 다른 걱정은 데리고 있는 600명 용사들의 가족에 관한 것이었습니다. 이럴 땐 하나님을 먼저 생각하고 하나님만을 바라보아야 합니다만 왠지 다윗의 마음에 하나님보다는 자신의 생각을 지배하는 두려움과 걱정이 더 컸습니다. 인간이기에… 아직 더 성숙해야 하는 존재이기에 그런 가 봅니다. 게다가 간혹 들려오는 정보는 사울 왕이 다윗을 잡아들이라고 명령을 했다는 소식입니다.

다윗은 불안한 생각에 지배되기 시작했습니다. 하나님이 보호해 주실 것이라는 믿음에 지배된 것이 아니라 사울 왕의 손에 망할 것이라는 느낌에 지배되었던 겁니다. 그러면서 지난날 사무엘의 기름 부은 일, 요나단과 사울의 입에서 나온 예언들 그리고 자신의 아내가 된 아비가일의 말, 모두가 하나님의 신실하신 약속이 아닌, 우연 아니면 착각이이었다고 생각이 드는 겁니다. 그런 것들은 있을 수 없는 이상에 불구하고 지금은 현실이 더 급한 것이었습니다.

짐승들은 길을 잃으면
서있든지 아니면 천천히 움직인다고 합니다.
반면에 인간은 길을 잃으면 더 빨리 뛰어 간다고 합니다.
현실…
무시할 수 없는 것이지요. 무시되지도 않구요.
그러나 성도는 미래를 보는 믿음의 눈이 있어야 합니다.

아니 그 눈을 하나님이 이미 주셨잖아요!

그 눈 가지고 현실을 이겨내는 것이고 현실을 다루는 거랍니다.

"느낌" 그리고

"자연스럽게 생각나는 것들"에 마음을 두지 마세요.

그런 것들은 우릴 초조하게 만든답니다.

그럴 땐,

길을 잃었다는 불안한 생각이 듭니다.

이럴땐 뛰면 안 됩니다. 서야 합니다.

서서

하늘을 바라보아야 합니다!

다윗의 현실을 해결하기 위한 프로젝트(Project)가 나왔습니다. 블레셋 땅으로 들어가자는 기가막힌 발상입니다. 사울 왕이 적어도 블레셋 땅으로는 군사를 몰고 올 수 없을 것이라는 생각 때문입니다. 만일 사울 왕이 자신들을 잡으러 블레셋 땅으로 들어오게 된다면 그것은 분명 침공이 되기 때문입니니다. 기발한 아이디어입니다.

「다윗이 그 마음에 생각하기를 내가 후일에는 사울의 손에 망하리니 블레셋 사람의 땅으로 피하여 들어가는 것이 상책이로다 사울이 이스라엘 온 경내에서 나를 수색하다가 절망하리니 내가 그 손에서 벗어나리라 하고 일어나 함께 있는 육백 인으로 더불어 가드 왕 마옥의 아들 아기스에게로 건너가니라」 (:1-2)

다윗은 600명과 그들의 가족을 데리고 블레셋 땅 가드로 갔습니다.

지난번에 도망 왔던 땅입니다. 사람들이 자신을 골리앗을 죽인 이스라엘 영웅인줄 알고 죽이려고 했을 때 미친 척하면서 빠져나온 그 땅입니다. 그 때는 혼자였고 힘이 없을 때입니다. 그러나 지금은 다릅니다. 정예군 600명을 데리고 나타난 장수입니다. 그리고 그 군인들과 함께 블레셋에 거하면서 가드 왕의 수하에서 명령을 받고 따르는 블레셋 군에 영입하겠다고 하는 것입니다. 블레셋 가드 왕은 이 제안이 싫지 않았습니다. 잘 훈련된 군인 600명을 공짜로 얻는 거나 마찬가지였기 때문입니다. 게다가 다윗이라는 명장을 부하로 둔다는 것이 괜찮다는 생각이었습니다. 아기스 왕은 자신의 측근들과 함께 오랫동안 그리고 신중하게 의논을 한 후 결정했답니다. 다윗과 그의 사람들을 받아 주기로. 물론 블레셋 모두가 좋아 한 것은 아니었습니다. 새로운 세력으로 등장한 다윗, 그것도 이스라엘 사람이 블레셋 군사력의 한 부분이 된다는 것이 어떤 사람들에게는 불평스럽고 못마땅하게 생각하는것은 당연한 일이지요.

어쨌든 다윗이 결행한 모험은 적중했습니다. 사울 왕은 다윗이 블레셋 땅으로 들어갔다는 소리를 듣고는 더 이상 다윗 수색하는 것을 포기했기 때문이었습니다.

"뭐? 다윗이 블레셋 왕에게로 갔다구? 그 놈 봐라. 그 놈이 그런 놈이야. 민족을 팔아먹고 원수 나라에 머리를 숙이고 굽신거리는 놈이지. 내 진작부터 그 놈이 블레셋과 손잡고 있는 걸 알고 있었다. 나쁜 놈 같으니라고. 이제 그 놈의 정체가 드러났으니 백성들이 더이상은 나를 오해하지 않겠구먼. 그렇게 된 이상 다윗을 쫓을 필요도 없느니라!"

「다윗이 가드에 도망한 것을 혹이 사울에게 고하매 사울이 다시는 그를 수색 하지 아니하니라」(:4)

다윗의 천재적인 생각 그리고 실천의 용기... 대단했습니다.
그리고 아주 잘되어 갔답니다.
내 계획과 뜻대로 잘되는 것이 진정 잘되는 것일까요?
적어도 다윗에게는 지금 그럴지 모르겠네요.
다윗은 지금 그 어느 때보다도 안전(?)한 생활을 하고 있습니다.
다윗 자신과 가정은 물론
다윗과 함께 하고 있는 군사 600명까지도
안전하답니다.
사울 왕이 도무지 찾아올 수 없는 피난처(?)랍니다.
그러나 이 피난처가 진정한 피난처일까요?

어느 정도까지는 안전지대일 수 있습니다.
얼마 동안은 안전 할 수 있겠죠.
그러나 이 안전과 평안은
거짓된 안전이고 거짓된 평화랍니다.
하나님이 주신 것이 아니라
아주 잘 만든 "사람의 작품(?)"이었기 때문입니다.
우리가 누리고 있는 안전과 평화는
훗날까지도 보장해 주는 안전과 평화인지요?

하나님께서 만드신 것이 아니라면 보장할 수 없답니다.

지금의 모습…

하나님이 계획하신 모습이기를 바랍니다.

❷ 삼상 27:5-7
더 좋아지는 생활들?

시간이 지나면서 다윗은 가드 왕 아기스에게 신의(信義)를 인정받는 것은 물론이고 사랑 받는 존재가 되었습니다. 그의 아기스에 대한 충성은 남달랐기 때문이었지요. 그는 아기스 왕에게 자신을 말할 때 「당신의 종」이라는 표현을 거리낌 없이 하곤 했습니다. 아니 말로만 그런 것이 아니라 실제로 아기스 왕의 종처럼 행동했답니다. 아기스 왕은 다윗을 무척이나 좋아했고 믿었습니다.

다윗은 아기스 왕의 마음에 꼭 드는 말만 했습니다. 그러더니 이날도 아기스 왕의 마음에 감동을 주는 말을 하는 겁니다.

"아기스 왕이시여, 소인에게 이토록 친절과 은혜를 베푸시니 감당할 수 없나이다. 제게 베푸시는 은혜도 이루 말할 수 없는데 제가 데리고 온 식솔들에게까지 넉넉히 대해 주시니 몸 둘 바를 모르겠습니다. 제 식솔들이 이리 많으니 얼마나 불편하신지요. 게다가 왕의 백성들의 불평에도 아랑곳하지 않으시고 돌봐 주심에 감사 감격 할 뿐입니다. 그래서 부탁을 드리려고 합니다. 더 이상 전하께 폐를 끼칠 수 없기에 저희들로 하여금 변방 쓸모없는 땅을 주시면 그곳으로 가 그 땅을 개간하여 전하의 백성들에게 원성을 사지 않도록 하겠습니다. 전하의 너그러운 허락을 부탁드립니다. 그 변방에서도 전하를 위하여 충성을 다하겠습니다."

「다윗이 아기스에게 이르되 내가 당신께 은혜를 받았거든 지방 성읍 중 한 곳을 주어 나로 거하게 하소서 당신의 종이 어찌 당신과 함께 왕도에 거하리이까」(:5)

아기스 왕은 다윗의 말에 감동을 받기도 했지만 한편으로는 다윗을 변방에 두고 싶지 않았습니다. 그러나 몇몇 다른 신하들의 불편해 하는 소리 역시 무시할 수 없었습니다. 그래서 왕은 다윗과 그의 사람들에게 시글락이라고 하는 남쪽 땅을 주었답니다. 시글락이라는 땅은 블레셋 본토와 거리가 멀었습니다. 전쟁을 통하여 얻기는 했으나 불모지나 다름이 없었기 때문에 버려진 영토였지요. 이곳을 준 것은 블레셋 어느 곳에서도 다윗과 그의 사람들이 정착하는 것을 꺼렸기 때문이었습니다.

아기스 왕은 다윗의 부탁대로 페허가 된 시글락과 주변 땅을 내주었답니다. 그러자 아기스를 향했던 블레셋 사람들의 원성이 수그러졌답니다.

가드 왕은 다윗에게 시글락 땅을 주면서 변방 오랑캐들을 살피는 일을 하도록 임무를 맡겼습니다. 블레셋 사람들의 장사꾼들이 오갈 때 노략꾼들로 인해 골치를 썩고 있었거든요. 그러면서 약속을 했답니다. 그 임무를 잘하면 다시 본토로 불러들이겠다고.

다윗과 그의 사람들은 무척이나 기뻤습니다. 아니 오히려 잘됐다고 생각했습니다. 시글락은 어쨌든지 간에 블레셋 영토이기에 사울 왕과 그의 군사들이 넘보지 못할 것이고 또 함께 한 사람들은 블레셋 사람들의 눈치를 보지 않고 편안하게 생활할 수 있게 되었기 때문에 너무 좋았습니다. 다윗이 계획한대로 일이 아주 잘되어 가고 있습니다! 하나님을 찾을 필요도 없이, 아니 하나님 생각은 조금도 나지 않을 정도로... 16개월 동안 그랬답니다. 시(詩) 한편 기도 한 구절 하지 않아도 되는(?) 좋은 날들이었답니다.

안전하다는 것과 기쁨이 있다는 것과는 다릅니다.
편안하다는 것과 기쁨이 있는 것과도 다른 말입니다.
안전하지 않아도 편안하지 않아도 기쁨은 흘러넘칠 수 있습니다.
이 기쁨은 위로부터 내려오는 것이기 때문입니다.
안전하고 편안하면 웃을 수는 있습니다.

그러나 그것이 위로부터 내려온 것이 아니라면
웃음 후에는 공허와 허탈이 있답니다.
다윗에게 위로부터 내려오는 기쁨이 차단되어 있었습니다.
육체의 편안함, 그것이
위로부터의 은혜를 기다리지 않게 하는 독약인가 봅니다.
다윗은 자기 뜻대로의 잘 됨과 편안한 시글락 생활로 인해
점점 그의 영성이 희미해져 갈 뿐입니다.

우리의 안락함, 그리고 형통함…
하나님 없이도 잘되어 가는 그런 것들…
너무 좋아하지 마세요.
그럴 때 하나님 잊기 쉽습니다.
하나님 은혜 기다리지 않는 사람이 되기 쉽습니다.
하나님이 주시는 잘 됨 아니라면 거짓 평안이랍니다.
그렇기에 언제나 생각하세요.
하나님과의 관계가 정상적인가를.

16개월 동안… 다윗은 가만히 있지 않았습니다. 방해꾼이 없는 땅에서, 안전한 땅에서 군사력을 극대화시키기 위한 훈련을 했고 조직을 만들었습니다. 감히 어느 누구도 넘볼 수 없는 막강한 조직 군대를 만든 것이지요. 그때 만든 조직 군대의 대표적인 명단이 역대상 12장에 기록되어 있을 만큼 훌륭한 군대를 만든 거랍니다. 게다가 시글락에서 다윗이 사람을 기르고 있다는 소식을 들은 이스라엘 어떤 사람들은 사울 왕의 답답하고 한심한 통치에서 벗어나 다윗에게로 갔답니다. 그 숫자가 얼마나 많았는지요. 다윗의 시글락 생활… 왕 부럽지 않은 생활이었습니다.

다윗과 그를 따르는 장정들 600명, 그리고 그의 가족들은 재산을 가지고 아기스 왕에게서 분할 받은 땅 시글락에 도착했습니다. 그 땅은 허허벌판이었고 황량했습니다. 누가 지어 놓았는지는 모르지만 아무도 살지 않는 폐허의 성이 반겨주고 있었습니다. 내리쬐는 뜨거운 태양 빛과 더불어 부는 사막 바람은 시글락에서 어떻게 살아야 하는지를 말하고 있는 것 같았습니다.

먼 여행에 지쳐 있긴 했으나 이곳에서는 쫓길 필요도 없고 남에게 구박받을 필요도 없다고 생각을 하니 마음 하나는 무척이나 편했습니다. 사람들은 다윗의 지시에 따라 성을 깨끗이 청소하기 시작했고 각각의 가족들과 살기 위한 처소를 꾸미기 시작했습니다. 고생이었지만 그들 마음속에는 기쁨이 흐르고 있었습니다.

얼마나 지났을까요? 어느 정도 정리가 된 듯합니다. 성에 거처를 마련한 다윗 공동체는 어떻게 생활을 할 것인지 논의했지요. 황량한 땅이지만 식물을 심기로 했답니다. 짐승들을 사육하는 것도 공동체를 위한 생각으로 내 놓았습니다. 모두들 열심을 내었습니다.

잘 살아 가고 있는 다윗 공동체... 사울 왕이 이들의 소식을 들었습니다만 공격을 할 수가 없었습니다. 일단 시글락은 블레셋 영토였기에 잘못 건드렸다가는 블레셋과의 전면전을 치룰 수 있다는 위험 부담때문이었고 또 다른 것은 다윗의 군사적인 실력이 이제는 만만한 상대가 아니라는 것을 알고 있기 때문입니다.

다윗 공동체는 먹고 살기 위해 열심을 낸 것은 물론이고 시간을 내어서 군사 훈련을 했답니다. 황량한 벌판에서 언제 악한 놈들의 침략을 받을지 모른다는 생각 때문이었습니다. 그런데 가끔씩 사람들이 함께 살겠다고 떼를 지어서 짐을 싸가지고 그곳으로 오곤 했답니다. 그 사람들은 모두가 사울 왕의 독재로 인한 고통에 시달려 살기 어렵다면서 온 것입니다. 그 가운데 많은 사람들은 군사적인 재능을 가진 사람들이었습니다.

특히 오른손은 물론이요 왼손까지도 자유롭게 사용하면서 물매와 활을 다루는 솜씨 좋은 사람들도 있었습니다. 다윗 공동체는 이들이 얼마나 반가웠는지 모릅니다. 서로 친해졌습니다. 그러다가 어느 지파 사람이냐고 묻게 된 것입니다. 놀랍게도... 베냐민 지파에서 왔다는 것입니다. 얼마나 당황스러웠는지요. 베냐민 지파... 사울 왕이 속한 지파였기 때문입니다. 그런데 그들은 사울 왕의 동족임에도 불구하고 사울 왕의 폭정에 견디다 못해 도망 나온 사람들이기 때문에 걱정할 필요가 없었답니다.

「저희는 활을 가지며 좌우 손을 놀려 물매도 던지며 살도 발하는 자요 베냐민 지파 사울의 동족인데 그 이름은 이러하니라」(대상 12:2)

사울 왕... 동족 지파에게도 버림을 받았는가 봅니다.

한 무리가 또 찾아 와서 함께 살겠다는 것입니다. 갓 지파 사람들이었습니다. 그들의 모습은 산적들 같았습니다. 덩치가 큰 것은 물론이고 생긴 것도 사자처럼 우락부락하게 생겼습니다. 몸집이 큰 것에 비해 동작은 얼마나 민첩한지 잘 훈련된 용사들이었습니다. 전쟁 중에 맨 앞에서 방패를 들고 활을 막는 훈련을 받은 전문가랍니다. 창을 다루는 솜씨가 일품인 것은 말할 필요도 없었습니다. 이들은 이미 막강한 조직적 군대의 모습을 갖추고 있었습니다. 숫자도 상당히 많았구요.

「갓 사람 중에서 거친 땅 견고한 곳에 이르러 다윗에게 돌아온 자가 있었으니 다 용사요 싸움에 익숙하여 방패와 창을 능히 쓰는 자라 그 얼굴은 사자 같고 빠르기는 산의 사슴 같으니… 이 갓 자손이 군대 장관이 되어 그 작은 자는 일백 인을 관할하고 그 큰 자는 일천 인을 관할하더니」(대상 12:8, 14)

물론 시글락 다윗 공동체에 합류하고 싶어 하는 사람들을 무조건 받은 것은 아니었습니다. 그들 가운데 시글락 공동체의 일원이 되겠다고 하면서 사울 왕의 간첩으로 온 사람이 있을까 하여 얼마나 조심스러웠는지 모릅니다. 확인하고 또 확인하여 의심의 여지가 없을 경우에만 받아들였답니다.

「다윗이 나가서 맞아 저희에게 일러 가로되 만일 너희가 평화로이 와서 나를 돕고자 하면 내 마음이 너희와 연합하려니와 만일 너희가 나를 속여 내 대적에게 붙이고자 하면 내 손에 불의함이 없으니 우리 열조의 하나님이 감찰하시고 책망하시기를 원하노라 하매」(대상 12:17)

므낫세 지파의 많은 사람들도 다윗 공동체로 영입되었답니다. 다윗의 시글락 공동체, 무시할 수 없는 군사력을 갖춘 공동체였답니다. 역대기 저자는 말했습니다. 마치 하나님의 군대와 같아 보였다고.

「큰 군대를 이루어 하나님의 군대와 같았더라!」(:22하)

다윗, 그리고 그 공동체…
무척이나 바쁘게 살고 있네요.
어려운 땅을 마다하지 않고 좋은 땅 만들기 위해
몸부림치는 모습이 너무 아름답습니다.

시간을 낭비하지 말자구요.
다음에 반드시 후회한답니다.
귀중한 시간을 물 흐르듯 흘려보내는 건
지혜롭지 않은 거랍니다.
부지런하시자구요!
쉴 때가 온답니다.
걱정마시고 주어진 시간, 알차게 활용하세요.
잘했구나 할 때 반드시 온답니다.

부지런한 사람에게 사람이 찾아오는 법이랍니다.
부지런한 사람을 이길 방법 없구요,
부지런한 사람이 실패하는 법 없답니다.
잠언에서 이렇게 말씀하고 있습니다.
게으른 자와 사귀지도 말라고…

3 삼상 27:8-12

하나님을 무시한 하나님 섬김(?)

다윗… 시글락에서 조직 군대를 훈련시키고 조직하고 사람을 모으고… 부지런히 사는 것은 좋은데 이상한 행동을 하고 있습니다. 시글락 주변에서 장사하는 사람들에게 깡패노릇을 하고 있는 겁니다. 당하는 사람들은 그술 사람과 기르스 사람과 아말렉 사람들이었습니다. 이들은 블레셋과 애굽을 오가는 무역상들이었는데 블레셋 나라 경제에 큰 영향을 끼치는 사람들이었지요. 그런데 이 장사꾼들을 침략해서 약탈 행위를 하는 겁니다. 물건만 빼앗는 것이 아니라 사람까지 죽이기도 했답니다.

「다윗과 그의 사람들이 올라가서 그술 사람과 기르스 사람과 아말렉 사람을 침노하였으니 그들은 옛적부터 술과 애굽 땅으로 지나가는 지방의 거민이라 다윗이 그 땅을 쳐서 남녀를 살려 두지 아니하고 양과 소와 나귀와 약대와 의복을 취하고」(:8-9)

광야를 통과하는 무역상들에게서 노략한 물건에는 좋은 것이 많았습니다. 무역 물품이니 의당 좋을 수밖에요. 다윗은 빼앗은 물건을 가지고 가드 왕 아기스에게로 가서는 정중히 인사를 하고 거짓말을 하는 겁니다. 유다 남방과 여라무엘 사람의 남방과 겐 사람의 남방을 쳐서 노략한 물건들이라고…

「취하고 돌아와서 아기스에게 이르매 아기스가 가로되 너희가 오늘은 누구를 침노하였느냐 다윗이 가로되 유다 남방과 여라무엘 사람의 남방과 겐 사람의 남방이니이다」(:9-10)

다윗은 블레셋과 친하게 지내는 사람들과 장사꾼들을 치곤 했습니다. 블레셋과 가까운 사람들은 이스라엘과는 적대 관계였기 때문입니다. 비록 몸은 사울 왕에게 쫓기어 블레셋에 도망 와서 살고 있지만 하나님의 백성인 이스라엘을 돕겠다는 마음에서 저지른 행동이었답니다. 블레셋 왕 아기스를 속이는 일이었고 다윗에게 당한 남방의 어떤 사람도 블레셋 땅 가드로는 절대로 가지 못하게 했습니다. 아니 혹시 도망하여 아기스에게 일러바치는 놈이 있을까 하여 아주 죽여 버렸답니다. 그러니 다윗이 충성스럽게 물건을 가지고 와서 바치고 (또 블레셋과 친분이 있는 사람들의 것을 빼앗았다는 말은커녕) 이스라엘과 친한 나라들을 공격하여 빼앗은 물건들이라고 하니 가드 왕 아기스는 속을 수밖에요!

아기스는 다윗의 이런 말을 조금도 의심하지 않았습니다. 아니 오히려 기뻐했습니다. 감탄했답니다.

「아기스가 다윗을 믿고 말하기를 다윗이 자기 백성 이스라엘에게 심히 미움을 받게 하였으니 그는 영영히 내 사역자가 되리라 하니라」(:12)

하나님의 백성(이스라엘)을 위한 일을 하는데
뭔가 뒤가 좋지 않습니다.
앞뒤가 맞지 않는 일이 진행되고 있는 겁니다.
순수하지 않고
너무 빤질빤질한 두뇌 기계가 움직이는 것 같습니다.
하나님이 보고 계신다면
무슨 일이 터질 것 같은 불안함이 듭니다.

다윗과 그의 사람들은 기분이 좋았겠지요.
왜냐하면 무엇인가 생산적인 일,
선한 일을 바쁘게 하고 있기 때문입니다.
더군다나 자기 나라를 돕기 위해
하는 일이라는 명분이니 말입니다.
옳고 그른 것보다 생산적인 일이냐

업적과 영향력이 있는 일이냐가
사람들에게 더 매력적입니다.

우리가 하고 있는 하나님의 일… 혹 선한 일…
분명 하나님 편에서 하는 일이고 좋은 일인데
거짓과 수단을 써서 하는 일 아닌가요?
수단이 정당한 것이 아니라면
좋은 결과이고 업적 될 만한 일이라 할지라도
하나님은 옳다고 인정하지 않으신답니다.
하나님을 만홀히 여기지 마세요!

④ 삼상 28:1-2
블레셋의 이스라엘 침공 계획

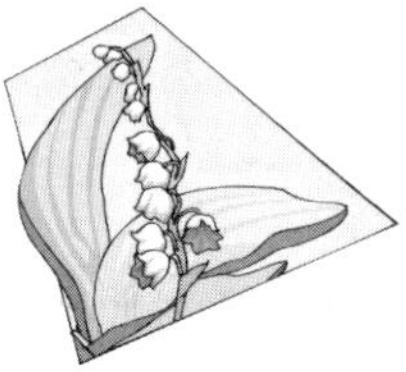

다윗은 가드 왕 아기스를 주인으로 하면서 시글락 지방의 군주로서 잘 지내고 있었습니다. 때때로 노략한 것들 중에 왕의 환심을 살만한 희귀품들을 갖다 바치면서 아기스의 마음을 사로잡고 있었지요. 물론 표면적으로만 아기스를 섬기고 존경하는 거였지 실상은 생존을 위해 이용해 먹고 있을 뿐이었습니다. 아기스 왕에게 갖다 바친 물건들의 출처가 실상은 블레셋과 무역하는 사람들의 것이었거든요. 그들의 것을 빼앗아 갖다가 바치는 것도 모르고 아기스 왕은 좋아하고 있는 것이었지요.

다윗과 그의 공동체는 비록 블레셋 땅에 망명 와서 살고 있지만 나름대로는 조국 이스라엘에 좋은 일을 하는 것이라 생각하면서 하는 짓이었습니다. 이런 일들이 16개월 동안 아무런 문제가 없이 잘 진행 되고 있었답니다.

블레셋의 아기스 왕이 이스라엘을 공격하려고 전략을 짜고 있었습니다. 아기스 왕은 전투에 투입할 군사를 전국적으로 모집하였습니다. 그러다가 평소에 충신으로 비춰진 시글락의 다윗에게도 대(對)이스라엘 전(戰)에 동참할 것을 요청했습니다. 다윗은 유다 사람임에도 불구하고 블레셋 땅으로 망명을 와서 블레셋 사람처럼 행동을 했고, 게다가 시글락에서의 생활을 보면 분명 블레셋의 충신이었거든요. 유다 사람들을 괴롭히고 물건을 노략해 왔던(?) 보고들 때문에 아기스는 생각하기를 다윗이 사울 왕에게 미움을 받아 쫓겨 다니더니 이제는 완전히 이스라엘을 버리고 자기에게 충성하는 블레셋 사람이 된 것으로 믿어 의심치 않았습니다. 그래서 이스라엘과의 전쟁에 가담을 시켜도 무난할 것으로 생각한 것입니다.

「그 때에 블레셋 사람이 이스라엘을 쳐서 싸우려고 군대를 모집한지라 아기스가 다윗에게 이르되 너는 밝히 알라 너와 네 사람들이 나와 한 가지로 나가서 군대에 참가할 것이니라」(:1)

아기스의 요청에 다윗은 신이 난 듯 대답했습니다. 전쟁에 나가면 자신이 얼마나 아기스에게 충성된 사람인지를 직접 보게 될 것이라고 말하였습니다.

"전하, 진심으로 감사를 드립니다. 이토록 믿어 주시니 신명을 다해 전하를 섬기겠나이다! 어떤 임무를 주신다 해도 전하의 원수인 이스라엘을 초토화 시키겠나이다! 저와 제 수하에 있는 놈들은 이스라엘의 구석구석을 잘 알고 있을 뿐만 아니라 사울 왕의 전략을 훤히 알고 있습니다. 이스라엘은 독 안에 든 쥡니다. 왕이시여, 전하께서 베푸신 은혜에 보답할 기회를 주심에 진심으로 감사를 드립니다!"

아기스는 다윗의 말을 듣고 마음이 흐뭇했습니다. 진심으로 충성스런 신하를 얻었다는 확실한 마음이었습니다.

"내 자네와 같은 충신을 얻은 것이 얼마나 복인지 모르겠구나. 그래 지금은 시글락 변방에 있지만 이번 전쟁에 공을 세우면 널 중앙에 오게 하여 내 옆에서 일하도록 할 것을 약속하마! 지금은 내 널 부르고 싶어도 워낙 쫀쫀한 장관들이 시기하는 바람에 부를 수가 없음을 이해해 주길 바란다. 그러나 이번 전쟁에 공을 세우면 장관들도 자네를 부르겠다는 내 마음을 꺾지 못할 것이니라. 이번 전쟁에서부터 내 옆에 붙어 나를 경호하거라. 자네가 이스라엘을 잘 알 것이니 나를 가장 잘 보호할 것이 아니냐."

「다윗이 아기스에게 이르되 그러면 당신이 종의 행할 바를 아시리이다 아기스가 다윗에게 이르되 그러면 내가 너로 영영히 내 머리 지키는 자를 삼으리라 하니라」(:2)

다윗은 이스라엘의 원수인 블레셋 왕에게 신임 받는 사람이 되었습니다. 그러나 다윗은 블레셋 사람들 틈바구니에서 사는 것이 궁극적인 목표가 아니었습니다. 사울 왕을 피해서 비록 망명은 와 있다 할지라도 블레셋은 분명히 하나님의 백성 이스라엘의 원수이고 다윗 자신에게도 원수였습니다.

그런 마음을 감추고 연극을 하고 있을 뿐입니다. 그리고 그 연극은 너무나 완벽했기에 이제 전쟁터에서 아기스를 지키는 경호 대장으로 임명받을 것을 약속 받은 것입니다. 다윗은 생각하기를 전쟁터에서 아기스를 죽여 버리면 자신은 멀리서나마 조국에 충성하게 된다는 계산을 하고 있던 거랍니다.

5 삼상 28:3–7
블레셋 침공 소식을 들은 사울 왕

사무엘 선지자가 죽은 이후 백성들의 마음은 허전했습니다. 어른이 사라졌기 때문입니다. 사무엘이 살아 있을 때 사람들은 나이 많은 사무엘에게 별 관심이 없었습니다. 그런데 사무엘의 죽음이 개개인의 삶에 보이지 않는 불안과 초조함을 가져온 겁니다. 그는 할 일 없는 노인 같았지만 사람들의 마음을 지배하고 있는 보이지 않는 강력한 힘이 있었습니다.

지파마다 마을마다 사람들의 입에서 돌아가신 사무엘 선지자의 이야기가 떠나지 않습니다. 백성들이 사무엘 선지자의 죽음에 대한 애도가 좀처럼 수그러들지 않는다는 보고를 들은 사울 왕은 사람들의 마음에 왜 그렇게 사무엘이 남아 있는지 신기(?)했습니다. 백성들의 마음이 사무엘에게 가 있다는 것조차도 기분이 나빴습니다. 그렇다고 그 일로 백성들을 나무랄 수도 없는 일이었답니다.

사울 왕은 백성들의 마음에서 사무엘 선지자를 지워야겠다는 생각을 했습니다. 그래서 신하들을 시켜 그 방법을 연구하게 했죠. 연구한 사람들은... 다른 것은 그렇다손 치더라도 사무엘의 하나님 경외 사상이 백성들에게 존경을 받은 것이라는 결론을 내렸답니다. 절대적으로 하나님을 신뢰하는 모습 때문에 존경받은 것이랍니다.

그래서 사울 왕은 자신도 사무엘을 흉내 내야겠다는 생각을 하고 백성들의 마음을 사로잡기 위해서 뭔가를 눈으로 보여주겠다고 결심을 했습니다. 민심을 잡기 위한 기가막힌 쇼였습니다. 하나님의 율법을 사무엘처럼 준행한다는 것을 보여 줌으로 자신도 사무엘 선지자처럼 하나님을 존중히 섬긴다는 것을 백성들에게 인식시키려는 생각입니다. 그 일은 이스라엘 땅에 있는 모든 신접한 자와 박수들을 쫓아내는 일을 한 것입니다. 결국 이 일을 통해 이스라엘 땅에는 신접한 자와 박수들이 쫓겨났고 쫓겨난 자들은 이웃 나라로 도망을 하거나 아니면 산 속에 숨어 살아야 했답니다.

무당, 신접한 행위를 하는 자들... 사무엘이 살아 있을 때는 쫓겨나지 않았었습니다. 사무엘 선지자 혼자 신접한 자와 박수들을 욕했고 저주했을 뿐입니다. 이들을 향한 사무엘 선지자의 노여움은 그저 노여움일 뿐이었습니다. 신접한 자와 박수들은 자신들을 저주하는 사무엘 선지자를 미워했습니다. 노인네가 죽지도 않는다고 불평하고 있었습니다. 사무엘만 죽으면 자신들을 욕하고 저주할 사람이 없어질 것이라고 생각하면서 사무엘이 죽을 때만을 늘 기다리고 있었던 겁니다. 그런데 세월이 지나 사무엘 선지자가 죽은 겁니다. 무당들은 얼마나 신이 났는지 모릅니다. 이제는 신접 행동을 하고 무당 노릇을 하더라도 방해하던 두목(?)이 사라졌기 때문에 공개적으로 편안하게 그런 짓을 할 수가 있게 된 것이지요. 사무엘 선지자의 죽음은 저들에게는 복(?)이었습니다.

그런데... 그게 아닙니다. 얼마 있더니 엉뚱하게도 이번엔 정부 차원에서 신접한 자와 박수들을 소탕한다는 것입니다. 사무엘은 하나님을 섬기는 차원에서 신앙적으로 자신들을 저주하고 방해했었다는 것을 압니다만 사울 왕의 무당 축출 정책은 도무지 이해가 가지 않는 일이었습니다. 사무엘이 살아 있을 때보다 사울 왕의 공권력을 이용한 괴롭힘은 신접한 자와 박수들을 아예 이스라엘 땅에서 발을 붙이지 못하게 하는 거였습니다. 신접한 자들과 박수들이 그런 일을 하는 것이 발각되면 사형에 처한다는 법도 공포했답니다.

「사무엘이 죽었으므로 온 이스라엘이 그를 애곡하며 그의 본성 라마에 장사하

였고 사울은 신접한 자와 박수를 그 땅에서 쫓아 내었었더라」(:3)

이스라엘 백성들은 신접한 자와 박수들을 쫓아내는 사울 왕의 쇼(Show)에 속았습니다. 사울 왕도 선지자 사무엘만큼이나 하나님을 잘 섬기고 율법을 잘 지키는 사람으로 생각을 바꾸었고, 사무엘 선지자를 의지했던 것처럼 사울 왕도 역시 의지할 만 하다고 생각을 바꾸는 사람들도 있었답니다.

블레셋이 이스라엘을 공격하기 시작했답니다. 이 보고를 받은 사울 왕은 군사를 모아 길보아 산으로 집결시켰습니다. 블레셋 군대는 수넴이라는 곳에 진을 쳤다는 소식이 들어왔습니다. 그런데 블레셋 군의 군사력을 보고 받은 사울 왕은 무척이나 불안해 지기 시작했습니다. 만만치 않은 군사력이었기 때문입니다.

「블레셋 사람이 모여 수넴에 이르러 진치매 사울이 온 이스라엘을 모아 길보아에 진쳤더니 사울이 블레셋 사람의 군대를 보고 두려워서 그 마음이 크게 떨린지라」(:4-5)

사울 왕은 지금 나이가 팔십이 된 고령의 노인입니다. 하지만 나라를 책임진 왕으로서 블레셋 군을 막지 않을 수 없었습니다. 그런데 블레셋 군이 강한 것은 이미 알고 있었지만 그 숫자 또한 무척이나 많은 것입니다. 승산 없는 싸움임을 알고 있었기에 너무 불안했고 두려웠습니다. 어찌할꼬 하다가… 다급하게 하나님을 찾습니다. 기도한 것이겠죠. 지금 하나님 찾음은 진심 어린 찾음이었습니다. 그러나 하나님은 침묵하셨답니다. 사울 왕… 꿈속에서라도 하나님 모습을 보거나 그분의 소리를 한번 들어봤으면 좋겠는데 꿈은커녕 잠도 제대로 오지 않았습니다. 제사장이 필요했습니다. 제사장은 가슴에 하나님의 뜻을 구별하는 우림과 둠밈을 가지고 있기 때문입니다. 그런데 제사장들을 불러도 나타나지도 않고오려고 하지 않습니다. 지난번에 제사장 85명을 때려죽인 일이 있은 후 제사장들은 사울 왕의 부름에 겁을 먹고 숨어 있었답니다. 한 사람이 오긴 왔습니다만 그 제사장은 가짜인지 전혀 엉뚱한 소리만 합니다. 사울 왕은 다른 선지자를 찾아오라고 호령합니다. 그러나 모두들 사울 왕의 명령에도 응답하지 않습니다. 팔십 세 된 노인의 고독입니다. 큰 전쟁을 앞에 두고 초조한 가운데 애타게 하나님의 사람들을 찾았지만 모두 피할 뿐 어느 누구도 사울 왕을 도와주려 하지 않았답니다.

불안 가운데 있는 사울 왕은 마음도 몸도 허둥대고 있었습니다. 그 모습이 얼마나 측은해 보였는지… 가까이 있는 신하 중 한 사람이 사울 왕에게 민간 중에 일어나는 일 하나를 슬쩍 말했습니다.

"왕이시여, 지난번에 정부 차원에서 신접한 자들이나 무당을 모두 처벌하지 않았습니까?"

"그렇지… 모두 처벌했지."

"그런데…"

"그런데 뭔가? 말해 보게나."

"숨어서 하는 일이기는 합니다만 백성들에게서 들리는 말에 의하면 아주 용하다는 신접한 여인이 있다고 합니다. 쪽집게라고 하더라구요. 정부가 무서워서 그러지 백성들 사이에서는 아주 유명한 자라 하는데 귀신이랑 직접 이야기도 한답니다. 이번 일을 한번 물어 보는 게 어떨까 해서 아뢰는 말씀입니다."

사울 왕의 마음에 듣고 싶은 이야기였습니다.

"그래? 그렇다면 당장 그 신접한 여인을 찾아오너라."

얼마나 불안했고 답답했으면 신접한 무당을 찾으라고 했겠는지요. 80세 된 노인 사울 왕이 불쌍하다못해 측은해 보였습니다. 신하들은 허겁지겁 신접한 여인을 찾기 위해 마을로 나갔습니다. 물론 일반인처럼 변장을 했답니다. 사람들에게 물어물어 용하다는 신접한 여인이 있는 곳을 찾았답니다. 엔돌이라는 곳에 숨어서 몰래 신접행위를 하고 있었답니다.

「사울이 여호와께 묻자오되 여호와께서 꿈으로도, 우림으로도, 선지자로도 그에게 대답지 아니하시므로 사울이 그 신하들에게 이르되 나를 위하여 신접한 여인을 찾으라 내가 그리로 가서 그에게 물으리라 그 신하들이 그에게 이르되 보소서 엔돌에 신접한 여인이 있나이다」(:6-7)

하나님으로부터 버려진 사람의 모습
왜 이리도 측은해 보이는지요.
너무도 불쌍합니다.
이스라엘의 초대 왕으로

왕관을 쓸 때의 늠름한 모습이 엊그제 같은데
벌써 40여 년이 흘렀습니다.
얼굴에는 주름살이 가득하고
머리와 수염은 하얗게 되어 있습니다.
그래도 워낙 좋은 체력을 타고났기 때문인지
허리는 굽지 않았습니다.
아직도 말을 타는 솜씨는 젊은 사람 뒤지지 않습니다.

그러나 나이는 속일 수 없는 법
사울 왕의 마음속은 젊었을 때와는 달리
매사에 자신이 없고 피곤합니다.
이번 전쟁도 두려울 뿐입니다.
주변에 자신을 존경하는 사람이 없습니다.
모두가 권력의 칼이 무서워서 자신에게 굽신거릴 뿐이지
어느 누구 하나 속을 터놓고
이야기 할 사람이 없습니다.
다윗을 쫓아다니는 자신의 모습을
사람들이 비웃는 것 같을 뿐입니다.

얼마 후에는 남들이 다 가는 길인
죽음의 길이 열릴 것이라는 것도 압니다.
그래서 어떻게 살아왔나 하면서
인생의 뒤를 돌아보니 아무 것도 없었습니다.
부질없이 욕심만 부린 인생이었고

남을 미워한 인생이었고

내가 최고라고 인정해주지 않는 것에 대한

적개심으로 가득차

몸부림치는 인생이었을 뿐입니다.

모두가 자신을 불쌍하게 보는 것 같다는 생각이 들 뿐입니다.

그런데 스스로도...

자신이 왜 이리 불쌍한지 모르겠습니다.

우리에게 다가오는 날이 있습니다.

그 날... 어떤 모습일까요?

어떤 파도와 산을 만나도

의연하게 믿음으로 이기는 모습일까요?

아니면 사울 왕처럼 불안해하며 파르르 떠는 모습일까요?

허둥대며 미신을 찾는 추한 모습일까요?

아니면 하나님과 깊은 대화를 하는 품위 있는 모습일까요?

우리 모두는 그 날을 맞이하게 됩니다.

아니 그 날이 오고 있답니다. 쉬지 않고...

그 날 사울 왕처럼 불쌍한 노인 되지 않기 위해

지금부터 훈련받는 고품격 크리스천이 됩시다.

믿음으로 사는 거랍니다.

❻ 삼상 28:8-14
추태부리는 임금님

사울은 왕의 체면으로 무당을 찾아 간다는 것이 창피했나 봅니다. 사람들이 자신이 쫓아낸 무당을 찾아가는 모습을 본다든지 혹 무당이 알아차리면 체면이 말이 아닐 거라고 생각하여 왕이 아닌 것처럼 왕복을 벗고 평민 복장으로 갈아입었습니다. 그래도 혹 들킬까 하여 깊은 밤중에 신접한 여인을 찾아가기로 했답니다. 안내하는 사람은 사람의 눈을 피해 사울을 신접한 여인에게로 인도했습니다. 사람이 볼 때는 평범한 집이었습니다만 안에서는 사람의 눈을 피해 찾아온 사람들에게 신접 행위를 해주고 있었습니다. 끼리끼리만 아는 비밀이었습니다. 위험이 따르는 일인 만큼 지불해야 할 대가도 컸습니다. 만일 신접 행위가 발각되면 무당은 끌려가 즉각적으로 죽게 되기 때문입니다. 연결해 주는 비밀 요원을 따라 무당 집에 들어간 사울 왕과 신하는 일반인인 척하면서 자신들을 위해 신접 행위를 해 줄 것을 부탁했습니다. 그런데 무당이 호락호락하지 않습니다. 혹시 정부의 비밀 수색대원이 아닌가 하여 완고하게 거절합니다.

"어허 이 양반, 지금이 어느 때인데 십접행위를 한단말이요? 사울 왕이 시퍼렇게 살아서 신접행위하는 자를 색출하고 있는 걸 모르시오? 내 전에는 신법행위를 하긴 했으나 벌써 손 놓은지가 한참 되었소. 그러니 괜시리 일 만들어서 오해받게 마시고 돌아가시오."

「네가 사울의 행한 일 곧 그가 신접한 자와 박수를 이 땅에서 멸절 시켰음을 아나니 네가 어찌하여 내 생명에 올무를 놓아 나를 죽게 하려느냐」(:9)

자신은 왕의 명령에 따라 더 이상 무당 노릇을 하지 않는다고 발뺌하고 있는 겁니다. 변장한 사울 왕은 무당을 안심시켰습니다. 하나님의 이름을 들먹거리면서 자신은 정부 하수인이 아니라고 주장했답니다. 게다가 상당한 돈을 주겠다고 하면서 설득했죠. 무당은 큰 돈을 보고 물리칠 수 없었기도 했지만 정부요원이 아니라고 판단했는지 신접 행위를 하겠다고 했답니다.

"이보시오, 무당 양반. 내 분명 약속하오리다. 만일 내가 정부 요원이라면 하나님이 내게 벌을 내리실거요. 그러니 나를 위해 신접행위를 부탁하오."

"좋소. 그렇다면 내 믿고 하리이다. 당신이 만나고 싶어하는 자가 누구요?"

"사무엘을 불러 주시오!"

「사울이 여호와로 그에게 맹세하여 가로되 여호와께서 사시거니와 네가 이 일로는 벌을 당치 아니하리라 여인이 가로되 내가 누구를 네게로 불러 올리랴」 (:10-11상)

변장한 사울 왕은 얼마 전에 죽은 사무엘을 불러올리랍니다. 신접한다는 여인이 알 수 없는 말로 주문을 외웠습니다. 사무엘을 부르는 건지...신접한다는 여인의 얼굴은 정상이 아니었습니다. 정말 귀신이 들린 사람이었습니다. 사울 왕은 섬뜩했지만 그녀가 하는 일을 신중하게 보고 있을 뿐이었습니다. 신접한다는 여인이 무엇을 보았는가 봅니다! 몸을 떨더니 비명을 지르는 겁니다. 얼굴이 시퍼렇게 굳은 채 소스라치게 놀라면서 괴성을 지르며 떨고 있는 겁니다. 사울 왕은 그녀가 사무엘을 본 줄 알고 이내 흐뭇해하고 있었습니다. 진짜 듣던 대로 용한 점쟁이에게 왔다는 생각이었죠. 그런데 그녀가 놀란 것은 죽은 사무엘 선지자를 보았기 때문이 아니었습니다. 사무엘을 보기도 했지만 놀란 이유는 사무엘 선지자를 불러올리라고 한 사람이 신접한 사람 소탕 명령을 내린 사울 왕이라는 사실 때문이었습니다. 나라에서 금하는 신접 행위를 왕 앞에서 했으니 죽었구나 하는 생각에서였죠. 그녀는 새파랗게 겁에 질려 있었습니다.

「여인이 사무엘을 보고 큰 소리로 외치며 사울에게 말하여 가로되 당신이 어

찌하여 나를 속이셨나이까 당신이 사울이시니이다」(:12)

사울 왕은 신접한 사람을 잡기 위해서 온 것이 아닙니다. 지금 신접 행위를 하는 사람을 잡아들여 백성들 앞에서 죽임으로 자신의 하나님을 향한 열심을 보이려고 하는 것이 아닙니다. 쇼를 하기 위해 온 것이 아니라는 말입니다. 본인이 진정 다급해서 온 것입니다. 두려움으로 가득 찬 사람은 신접 행위를 하다 들킨 여인보다도 오히려 사울 왕이었던 겁니다. 사울 왕은 지금 신접 행위를 하는 사람을 잡아내는 것으로 재미를 누릴 때가 아니었습니다. 사울 왕은 겁먹고 있는 무당에게 물었습니다. 주문 속에서 누구를 보았느냐고. 새파랗게 질려 있는 무당은 떨면서 말했습니다. 그 올라오는 모습이 신(神)같다고 말합니다.

「신(神)이 땅에서 올라오는 것을 보았나이다」(:13하)

사울 왕은 그녀가 사무엘을 정말 본 것 같다는 생각이 들었습니다. 그래도 더 확인을 해야겠는지 자세히 말하랍니다. 여인의 말이 계속되었습니다.

"예, 겉옷을 입고 있었습니다. 노인이었습니다."

겉옷을 입은 노인... 사울 왕은 그녀의 이야기를 듣고 틀림없이 얼마 전에 죽은 사무엘 선지자라고 단정했습니다. 그리고 일어나더니 그 여인 앞에 큰 절을 하는 겁니다.

「왕이 그에게 이르되 두려워 말라 네가 무엇을 보았느냐 여인이 사울에게 이르되 내가 신이 땅에서 올라오는 것을 보았나이다 사울이 그에게 이르되 그 모양이 어떠하냐 그가 가로되 한 노인이 올라오는데 그가 겉옷을 입었나이다 사울이 그가 사무엘인 줄 알고 그 얼굴을 땅에 대고 절하니라」(:13-14)

바보 같은 사울 왕... 신과 접한다는 무당의 귀신 묘사를 듣고 그 나타났다는 존재를 사무엘 선지자로 알고 인정해 버린 겁니다. 그리고 절을 했답니다. 쯧쯧 한심한 사람입니다. 불쌍하기도 하구요.

추태 부리는 왕의 모습, 한심하지요?
왕이 점쟁이 찾아가서 하는 꼴 말입니다.
정말 불쌍하답니다.
우린 하나님 나라 왕자와 공주들...
점쟁이 찾아가는 추태 부리지 마세요.
혹 그런 일 있었다면 조용히 그리고 진심으로 회개하세요.

이 사람이 얼마 전에 죽은 사무엘일까요? 우리에게 의문을 가져다주는 구절입니다만... 의문을 가질 필요가 없습니다. 상식적으로 쉽게 생각하면 문제가 간단하게 풀어진답니다. 먼저 하나님 품에 있는 사무엘 선지자가 무당 노릇하는 여인의 부름에 순종하여 하늘에서 내려올까요? 말도 되지 않는 소리죠! 두 번째는 진짜 사무엘 선지자라면 하늘에서 내려올 일이지 왜 땅에서 올라올까요? 사무엘 선지자는 지금 하늘 하나님 품에 있음을 생각하세요! 세 번째는 하늘나라까지 가서도 사무엘은 노인일까요? 말도 되지 않습니다. 그곳에서는 영화로운 몸이거든요! 우리가 가지고 있는 상식적인 지식으로도 무당이 불러낸 존재는 사무엘 선지자가 아니라 귀신임을 알 수 있습니다.

점쟁이 찾아갔었는데 잘 맞추더라구요?

그럴 수도 있었겠죠. 그러나 그것은 귀신의 장난이었답니다.

속은 거지요.

우리에겐 천지를 창조하시고

역사를 주관하시는 하나님이 아버지시랍니다.

그 하나님을 신뢰하고 의연하게 살아가면 됩니다.

초조해 하지 마세요!

믿음으로 사세요!

7 삼상 28:15-19

귀신 장난

자신을 사무엘이라고 착각하고 있는 귀신은 신났습니다. 사울 왕 앞에서 자신이 진짜 사무엘인 것처럼 장난을 치고 있는 것입니다. 이 귀신이 사울 왕을 가지고 노는 모습을 보십시오. 바빠 죽겠는데 왜 불러내서 힘들게 하느냐는 꾸지람까지 합니다.

"야, 이놈아 왜 조용히 있는 나를 불러서 정신없게 만드는거냐?"

「네가 어찌하여 나를 불러 올려서 나로 분요케 하느냐?」(:15상)

얼마나 웃기는 일인가요? 천국 간 양반(?)이 바쁘긴 뭐가 그리 바쁘겠습니까? 애들 상식으로도 귀신 장난임을 알 수 있습니다. 그런데 사울 왕은 진지합니다. 그래서 간절하게 자신의 답답함을 귀신께(?) 아룁니다.

"선지자 어르신, 나좀 살려주십시오. 블레셋 군대가 쳐들어왔어요! 그런데 하나님께서 아무런 말씀도 안하시는 겁니다. 그러니 어찌합니까? 선지자 어른이라도 불러야 하지 않겠는지요?"

「나는 심히 군급하니이다 블레셋 사람은 나를 향하여 군대를 일으켰고 하나님은 나를 떠나서 다시는 선지자로도, 꿈으로도 내게 대답지 아니하시기로 나의 행할 일을 배우려고 당신을 불러 올렸나이다」(:15하)

사무엘 노릇하고 있는 귀신은 사울 왕이 하나님으로부터 버림받은 것을 잘 알고 있습니다. 왜 버림받았는지도 잘 알고 있습니다. 뿐만 아니라 앞으로 블레셋과의 전쟁이 어떻게 될 것인지도 잘 알고 있습니다. 그래서 아주 폼 잘 잡고 이렇게 말했답니다.

「...여호와께서 너를 떠나 네 대적이 되셨거늘 네가 어찌하여 내게 묻느냐 여호와께서 나로 말씀하신 대로 네게 행하사 나라를 네 손에서 떼어 네 이웃 다윗에게 주셨느니라 네가 여호와의 목소리를 순종치 아니하고 그의 진노를 아말렉에게 쏟지 아니하였으므로 여호와께서 오늘날 이 일을 네게 행하셨고 여호와께서 이스라엘을 너와 함께 블레셋 사람의 손에 붙이시리니 내일 너와 네 아들들이 나와 함께 있으리라 여호와께서 또 이스라엘 군대를 블레셋 사람의 손에 붙이시리라」(:16-19)

귀신은 정말 귀신같은 존재입니다. 이런 과거의 사건을 잘 알고 있으니 말입니다.

귀신... 만만하게 볼 존재가 아닙니다.

귀신은 사람들의 삶을 잘 알고 있는 영물(靈物)입니다.

사람이 행한 실수들이나 죄악들

그리고 선행들까지도 정확하게 알고 있습니다.

어떤 면으로는 미래까지도 알고 있습니다.

만일 당신이 귀신의 힘을 빌려 살고 있는

점쟁이나 무당을 찾아간다면

기독교에서 경험하지 못한 신비한 능력(?)에 감탄할 겁니다.

그러나 분명히 알아야 할 것은

그것은 사탄의 수하에 있는 귀신의 장난입니다.

하나님도 귀신의 장난을 알고 계셨습니다.

그리고 귀신의 장난으로 하여금

하나님의 백성들이 놀랄 뿐 아니라

놀림 당할 것을 알고 계셨습니다.

그래서 신접(神接) 하는 사람이나

무당, 점치는 자를 쫓아내라고 단호하게 말씀하신 겁니다.

귀신은 사람이 찾아가면 영락없이 자신에게 빠지게 합니다.

그러므로 찾아가면 안 됩니다!

어떤 경우는 귀신이 찾아오기도 합니다.

이런 경우 많은 사람이 넘어 가기도 합니다.

그러나 귀신이 두려워하는 사람이 있습니다.

귀신이 속일 수도 넘어뜨릴 수 없는 사람이 있습니다.

예수 그리스도의 보혈로 적셔진 사람입니다.

그리스도의 보혈로 거듭난 생명에게는

귀신이 얼씬거리지 못한답니다.

8 삼상 28:20-25

마지막 받는 대접

사울 왕… 사무엘 귀신으로부터 블레셋과의 전쟁에서 죽을 것이라는 예언을 들었습니다. 자신만 죽을 것이 아니라 아들 요나단도 죽는답니다. 귀신은 자신을 사무엘로 알고 또 자신의 말을 듣고 벌벌 떨고 있는 사울 왕을 보고 웃었겠죠. 어쨌든 사울 왕은 두려워서 서 있을 수가 없었습니다. 결국 땅바닥으로 쓰러지듯 엎드러지고 말았답니다. 온 종일 아무 것도 먹지 않은데다가 충격적인 말을 들었으니 그나마 기운이 빠져 버린 겁니다.

「사울이 갑자기 땅에 온전히 엎드러지니 이는 사무엘의 말을 인하여 심히 두려워함이요 또 그 기력이 진하였으니 이는 그가 종일 종야에 식물을 먹지 못하였음이라」(:20)

팔십 세의 노인이 인생의 끝을 예언 받았습니다. 귀신으로부터. 심장은 물론 위장이 막히는 것 같았습니다. 음식이건 뭐건 간에 가슴이 답답할 뿐입니다. 팔십 세의 노인… 그나마 체력이 약한데 온종일 음식까지 못 먹었으니 얼마나 기진했는지요. 신하가 옆에서 볼 때에도 안타까웠습니다. 신접 행위를 한 여인도 쓰러져 있는 왕의 모습이 너무도 측은해 보였습니다. 왕임에도 불구하고 연약한 늙은 인간에 불과했습니다. 음식을 권해도 노인 사울 왕은 거절합니다. 여인과 신하가 맥이 풀려 있는 노인 사울 왕께 음식을 드시라고 간청했습니다. 싫다고 합니다. 그래도 불쌍하잖아요. 그래서 또 간청했습니다. 너무 불쌍하고 측은해 보이는 왕의 모습입니다. 계속되는 간청에 왕은 신하와 여인의 충성스런 간청에 감동이 되었는지 마침내 침상에서 일어났습니다. 노인의 움직임이 무겁습니다.

신접 행위를 한 여인은 사울 왕의 일어남을 보고 반가운 듯 급히 나가서 좋은 송아지를 잡았답니다. 그리고 떡도 구웠습니다. 여인은 임금님을 대접하는 것을 기쁨으로 알고 정성을 다했습니다. 귀신과 일하는 여인의 정성스런 손길로부터 대접받고… 사울 왕은 궁으로 돌아갔답니다.

「그 여인이 사울에게 이르러 그 심히 고통함을 보고 그에게 이르되 여종이 왕의 말씀을 듣고 나의 생명을 아끼지 아니하고 왕이 내게 이르신 말씀을 청종하였사오니 그런즉 청컨대 이제 여종의 말을 들으사 나로 왕의 앞에 한 조각 떡을 드리게 하시고 왕은 잡수시고 길 가실 때에 기력을 얻으소서 사울이 거절하여 가로되 내가 먹지 아니하겠노라 그 신하들과 여인이 강권하매 그 말을 듣고 땅에서 일어나 침상에 앉으니라 여인의 집에 살진 송아지가 있으므로 그것을 급히 잡고 가루를 취하여 뭉쳐 무교병을 만들고 구워서 사울의 앞에와 그 신하들의 앞에 드리니 그들이 먹고 일어나서 그 밤에 가니라」(:21-25)

사울은 왕으로서 많은 사람에게 훌륭한 대접을 받은 사람입니다. 또한 사람들은 사울 왕을 대접하는 것을 영광으로 생각했었지요. 이것이 백성들이 나랏님을 대하는 마음입니다. 80세의 임금님을 대접하는 정성의 손길, 정성스럽고 아름다웠습니다만… 사울 왕을 정성스럽게 대접하기 위해 움직인 손들, 사울 왕을 자기들의 곳으로 데려가기 위해 즐겁게 일하는 귀신들의 손이었답니다.

〉〉 열두 번째 이야기 삼상 29-31장

제자리로 돌아오다

시글락에 가까이 왔을 때입니다. 멀리서 검은 연기가 올라가고 있는 것이 보였습니다. 분명하지는 않지만 큰 불이 난 후 잔해가 타는 연기 모습 같았습니다. 다른 곳 일리는 없고… 시글락 성읍이 분명합니다. 사흘이라는 긴 길을 허탈 속에서 패잔병처럼 돌아오던 다윗과 그의 용사들은 정신이 번쩍 들었습니다. '혹시 시글락에 불이 난 것이 아닌가' 하는 걱정 때문이었습니다. 그곳에는 아이들과 아녀자들, 재산 그리고 그것들을 지킬 소수의 남자만 있었습니다. 흐느적거리면서 갈 수는 없었습니다. 다윗은 타고 있는 말의 엉덩이를 채찍으로 힘 있게 때리면서 달리기 시작했습니다. 뒤이어 아비새도 그리고 다른 용사들도 말을 걷어차면서 시글락을 향해 달렸습니다. 수 백 마리의 말 위에 올라탄 용사들이 사력(死力)을 다해 먼지를 일으키며 달려갑니다. 가까이 갈수록 시글락 성에 큰 불이 났었음을 확신할 수 있었습니다. 바람에 함께 실려 오는 연기 냄새는 용사들로 하여금 사태가 심각하다는 것을 예측하게

❶ 삼상 29:1-5
의심받고 있던 다윗

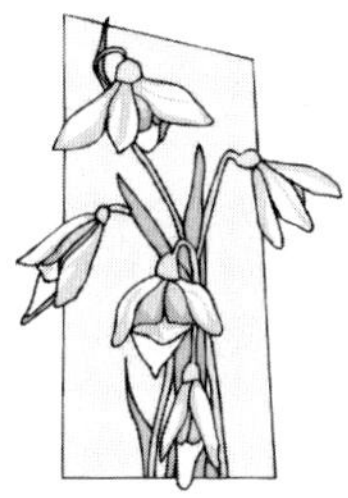

날이 지났습니다. 블레셋 사람들은 출전 준비가 완벽하게 되어 가고 있었습니다. 어떤 곳을 누가 선봉에 서서 공략해야 하는지도 철저하게 준비했습니다. 아기스 왕은 군사를 아벡이라는 곳으로 이동시켰습니다. 블레셋 군사들의 이동에 관한 정보가 사울 진영에 입수되자 다급해진 사울 왕은 방어하기 위해 이스라엘 군대를 움직여야 했습니다. 아벡 가까이 이스르엘 땅으로 집결하도록 했지요. 그곳에는 샘들이 많이 있었습니다.

「블레셋 사람들은 그 모든 군대를 아벡에 모았고 이스라엘 사람들은 이스르엘에 있는 샘 곁에 진쳤더라(:1)

블레셋 군사들은 정비가 잘 되어 있었고 조직적이었습니다. 이번 전투를 위해 훈련을 많이 받은 것이 틀림없었습니다. 저들의 사기는 하늘을 찌르고 있었답니다. 반면에 이스라엘 군사들은 어쩔 수 없어 마지못해서 나온 사람들이었습니다. 모습부터가 그랬습니다. 그들에게 이번 전쟁은 시작부터가 부담이었습니다. 블레셋 군은 아기스 왕의 출정 명령만 내려지면 야수처럼 싸울 기세였습니다. 전쟁터에는 북소리가 힘차게 둥둥 울리고 있었고, 블레셋 군사들은 야전 사령관들의 명령에 따라 이스라엘을 향해서 작전대로 움직였습니다.

다윗과 그의 군사들은 블레셋 군과 합류하기 위해 시글락에서부터 올라오고 있었습니다. 다윗의 군대 역시 블레셋 정예 부대 못지않게 잘 정비되어 있었고 사기 역시 뒤지지 않는 모습이었습니다. 블레셋 군대에 가까이 온 다윗과 그의 군대를 본 블레셋의 장군들은 기분이 좋지 않았습니다. 저 놈들이 왜 나타났냐는 식의 눈초리였습니다. 그러나 다윗은 아랑곳하지 않고 부대를 이끌고 아기스 왕 앞으로 갔답니다. 다윗은 부대를 왕 앞에 정렬시키고 정중하게 전쟁에 합류하기 위한 도착 보고를 했습니다.

"전하, 시글락의 다윗 부대, 전하의 충실한 종으로 이스라엘을 도말하기 위해 지금 도착하였나이다!"

"아! 그래… 오느라고 수고했구나. 며칠이나 걸려서 올라 왔는고? 병력은 얼마나 데리고 왔는가?"

아기스는 아주 반가운 사람을 만난 것처럼 다윗을 맞이했습니다.

"예, 전하, 오는 길은 험하지 않았습니다. 전하께서 기다리시는 줄 알고 부지런히 올라오니 이틀이 소요되었습니다. 시글락에는 소수의 군사만 남겨 놓았습니다. 제가 아끼는 군사들은 모두 전하에게 충성하기 위하여 올라왔습니다. 시글락에는 가족들만 남겨 놓았습니다. 저희들은 전하 곁에서 목숨을 다하여 싸울 것입니다!"

다윗의 부대가 합류하자 아기스 왕은 출전 준비를 명령했습니다. 다윗은 자신의 용사들과 마지막 회의를 하고 있었지요.

"이보게들, 이번 전쟁은 조국 이스라엘 군을 보호하기 위한 전쟁임을 잊지 말게나. 조국이 얼마나 어려운지 알고들 있지? 분명 사울 왕의 군대는 이번 전쟁에 승산이 없네! 비록 사울 왕이 우릴 죽이려고 달려들긴 했지만 이스라엘은 우리의 형제임을 생각하게나. 사울 왕 나이가 팔십 세이네. 살면 얼마나 살겠나. 그가 죽으면 우린 조국으로 돌아가면 되지만 나라를 블레셋 놈들에게 빼앗기면 우린 돌아갈 나라가 없는 거야! 지난번 이야기한 것처럼 초반에는 아기스 왕을 돕는 것처럼 철저하게 연극을 해야 한다네! 그러다가 내가 신호를 보내면 방향을 바꾸어 블레셋 장수들의 목을 따게나. 난 아기스 왕의 목을 따겠네. 놈들을 도말하는 것이 이 전쟁의 목표라는 걸 알겠지? 아이들 단속 잘하고!"

다윗과 장수들은 이번 전쟁의 숨겨진 목표들을 최종적으로 나누었습니다. 늦은 밤까지 진지한 토론이 이어졌었습니다.

"다윗 장군! 장군께선 아기스 왕과 블레셋 장수들과의 관계를 잘 해 놓으셨지요? 우린 걱정 마시고 지금까지 준비해 놓은 판 깨지지 않도록 장군께서 하실 일이나 철저하게 하십시오. 우리도 나라를 위해 일하는 자부심으로 이번에 올라온 것입니다."

아침 햇살이 힘 차게 올라오고 있었습니다. 블레셋 진영의 군사들은 오래 기다린 전쟁을 위해 자신들의 짐들을 챙기고 있었습니다. 다윗의 사람들도 마찬가지였습니다.

그런데 아기스 왕의 신하가 다윗 장군에게 달려오더니 왕의 부름이 있다는 것입니다. 다윗은 옷을 차려 입고 왕의 신하를 따라갔습니다. 기분이 이상했지만 아무 일 없으려니 하고 간 것입니다. 이른 아침임에도 지휘 본부로 만들어 놓은 천막에 여러 사람들이 모여 있었습니다. 천막에서는 작지 않은 소리가 흘러나오고 있었습니다.

"전하! 다윗 장군 왔습니다."

왕을 모시는 소년의 보고였습니다.

"들라 해라."

다윗이 들어가 보니 생각했던 것처럼 장수들이 모여 있었습니다. 그런데 그들 중 몇 사람은 다윗을 보고 기분 나쁘다는 표정을 하고 헛기침을 했답니다. 어떤 장수는 재수 없다고 나가 버리는 것입니다. 나가서는 소리를 버럭버럭 지르는 겁니다.

"다윗!" 아기스 왕의 부름이었습니다.

"블레셋 장수들이 자네가 전쟁에 나가는 것을 반대하고 나섰다네. 오늘 아침 일찍부터 모여서 내게 자네를 돌려보내라고 난리를 치고 있네."

나가지 않고 옆에 있던 몇 명의 블레셋 장수들이 큰 소리로 헛기침을 했습니다. 왕의 말이 계속되었습니다.

"자네가 이스라엘 사람이라 할지라도 우리에게로 온 후론 우리 사람이 되었다고 그렇게 말해도 듣지를 않는다는 걸세. 난 자네의 나를 위한 충성이나 블레셋을 위한 충성에 있어서 허물을 보지 못했거늘…"

아기스 왕에게 칭찬을 들었을 때 다윗의 기분은 어떠했을까요?
우리도 '성공한 가증스러움'을 가지고 있을 때가 있습니다.
우리는 우리의 목적을 이루기 위해 거짓말을 너무도 잘합니다.
거짓이 진실인 것처럼 행동하면서 느끼는 죄책감을
'선한 목적을 위한 것'이라고 하면서
죄악으로 인정하지 않습니다.
물론 처음에는 약간의 죄책감이 있었습니다.
그러나 선한 일을 위한 것이라고 자기 최면화 하다 보니
어느 덧 감각이 없어집니다.
다윗이 그랬습니다.
그는 아기스를 속인 것이 죄악이 아니라
선한 일을 위한 지혜였다고 확신하고 있을 뿐입니다.
하나님도 그렇게 생각하시고 잘 했다고 하실는지요?

아기스 왕이 장수들 앞에서 다윗에게서 허물을 보지 못했다고 칭찬을 하자 장수들이 발끈했습니다. 그러면서 갑자기 왕에게 목소리를 높이는 것입니다.

"전하, 지금 무슨 말씀을 하시는 겁니까? 허물을 보지 못했다뇨? 그럼 우리는 왕에게 못된 짓만 하는 놈들이라는 겁니까? 그렇다면 이번 전쟁은 다윗을 데리고 싸우십시오. 우린 다윗과는 죽으면 죽었지 같이 전쟁에 나갈 수 없습니다! 전쟁에 가서 칼을 거꾸로 휘두르면서 우릴 죽일지 누가 압니까? 졸지에 이스라엘 놈들과 짜고 우리를 치면 우린 다 망하는 겁니다. 저 다윗이 누군지 아세요? 이스라엘 사람들에게 영웅입니다. 지난날 우리 장수 골리앗을 죽인 장본인이란 말입니다. 벌써 잊으셨습니까?"

장수들의 목소리는 아기스 왕으로 하여금 움츠려들게 하였답니다.

「블레셋 사람의 방백들이 가로되 이 히브리 사람들이 무엇을 하려느냐 아기스가 블레셋 사람의 방백들에게 이르되 이는 이스라엘 왕 사울의 신하 다윗이 아니냐 그가 나와 함께 있은 지 여러 날 여러 해로되 그가 망명하여 온 날부터 오늘까지 내가 그의 허물을 보지 못하였노라 블레셋 사람의 방백들이 그에게 노한지라 블레셋 방백들이 그에게 이르되 이 사람을 돌려보내어 왕이 그에게 정하신 그 처소로 가게 하소서 그는 우리와 함께 싸움에 내려가지 못하리니 그가 전장에서 우리의 대적이 될까 하나이다 그가 무엇으로 그 주와 다시 화합하리이까 이 사람들의 머리로 하지 아니하겠나이까 그들이 춤추며 창화하여 가로되 사울의 죽인 자는 천천이요 다윗은 만만이로다 하던 이 다윗이 아니니이까」(:3-5)

❷ 삼상 29:6-11

깨어진 계획

다윗이 아기스 왕을 속이려는 연극은 완벽했었는가 봅니다. 다윗의 거짓이 아기스 왕에게는 진실된 충성으로 인정받는 것을 보니 그러네요. 얼마나 연기를 잘했는지 다윗을 정직한 사람 혹은 악이 없는 사람으로 인정하고 있었습니다.

왕 앞에서도 험악한 소리로 다윗을 미워하는 장수들의 말을 듣고 있던 아기스 왕의 머리에 섬뜩한 생각이 지나갔습니다. 다윗이 전쟁에 나가면 전쟁터에서 다윗은 장수들에 의해 쥐도 새도 모르게 암살당할 수 있겠다는 생각이 든 겁니다. 아기스 왕은 무서웠습니다. 왕 앞에서 소리 지르는 놈들도 무서웠고 자신이 아끼는 다윗을 전쟁에서 잃을 생각을 하니 아찔했던 것입니다. 아기스 왕은 다윗만을 남기고 자신의 장수들을 모두 내보냈습니다. 혼자 남은 다윗은 할 말이 없었습니다.

"다윗, 이번 전쟁에서는 빠지게나."

그럴 수밖에 없는 아기스 왕의 입장이라는 것을 알고 있긴 했지만, 다윗은 허탈했습니다. 아기스 왕의 말이 계속되었습니다.

"내가 자네의 정직함을 알고 있다이. 자넨 내게로 온 이후로 나에게 악을 행한 적이 없음도 잘 알고 있지."

아기스의 목소리에는 다윗에 대한 미안함으로 그리고 사랑으로 범벅이 되어 있음을 알 수 있었습니다.

"그런데 어쩌나... 자네도 듣지 않았나? 저 장수들의 소리 말이야. 난 자네와 함께 다니고 싶지만 아직은 아닌 듯 싶네. 자네를 향한 블레셋 장수들의 편견이 아직도 수그러들지 않았어! 이해해 주게나. 좀 더 기다려 보세. 자네도 더 이상 장수들에게 더 미움을 받지 않도록 고분고분 하게 하는 것이 장래를 위해서 좋을 듯 싶으이..."

「아기스가 다윗을 불러 그에게 이르되 여호와께서 사시거니와 네가 정직하여 내게 온 날부터 오늘까지 네게 악이 있음을 보지 못하였으니 나와 함께 군중에 출입하는 것이 나의 소견에는 좋으나 장관들이 너를 좋아하지 아니하니 너는 돌이켜 평안히 가서 블레셋 사람의 장관들에게 거슬려 보이게 말라」(:6–7)

다윗은 어젯밤 자신을 따르는 용사들과 함께했던 흥분된 분위기를 떠올렸습니다. '다윗 장군은 블레셋 지휘부와의 관계나 잘하라' 고 하던 말들이 떠올랐습니다. 자신 있다고 했는데, 염려 말라고 했는데... 다윗은 속으로 그럴 수 없다고 외치면서 아기스 왕에게 달라붙었습니다. 억울하다는 겁니다. 블레셋에 대한 자신의 충성을 받아 주지 않는다는 것이 억울하다는 하소연이었습니다. 물론 그 행동은 조국을 위해 세운 계획이 수포로 돌아가고 말았다는 허탈함으로 인한 하소연이었지요.

「다윗이 아기스에게 이르되 내가 무엇을 하였나이까 내가 당신의 앞에 오늘까지 있는 동안에 당신이 종에게서 무엇을 보셨기에 나로 가서 내 주 왕의 원수와 싸우지 못하게 하시나이까」(:8)

다윗의 아기스 왕에 대한 충성을 보여 주지 못한다는 것에 대한 통곡(?)은 아기스 왕의 마음을 힘들게 했습니다. 그러고는 다윗에게 명했답니다. 아침 일찍 시글락으로 떠나라고.

「그런즉 너는 너와 함께 온 네 주의 신하들로 더불어 새벽에 일어나라 너희는 새벽에 일어나서 밝거든 곧 떠나라」(:10)

다윗은 자신의 군사들이 있는 장소로 갔습니다. 그의 발걸음은 무거웠습니다. 모래주머니를 발에 달고 걷는 것처럼 무거워 보였답니다. 다윗의 허탈한 모습이 장수들의 눈에 들어 왔습니다. 그리고 무슨 일이냐고 물었답니다. 무슨 일이냐고... 다윗은 긴 한숨을 내쉬더니 시글락으로 돌아갈 준비하라고 했답니다.

돌아가는 길... 침묵이었습니다. 누구도 말 한 마디 하지 않았습니다. 속으로들 '다윗이 도대체 일을 어떻게 처리했길래' 하는 원망뿐이었습니다. 그러나 참았습니다. 그래도 돌아가 가족들과 함께 있을 생각하니 그것으로 위로 받은 겁니다. 전쟁을 통해 애국할 것이라는 목적을 가지고 아벡으로 갈 때는 걸음이 가볍고 빨랐는데 일을 그르쳤다는 것으로 인한 허탈함에 걸음걸이도 힘이 없었답니다.

「이에 다윗이 자기 사람들로 더불어 일찍이 아침에 일어나서 떠나 블레셋 사람의 땅으로 돌아가고 블레셋 사람은 이스르엘로 올라가니라」(:11)

허탈할 때가 있습니다.
멋진 계획이 잘 진행되다가 마지막에 물거품이 될 때 그렇습니다.
다윗의 계획은 나발의 짐승들 지켜줄 때처럼
자기 사람들만을 기쁘게 하기 위한 이기적인 것이 아니었습니다.
큰 목표가 있었습니다. 민족을 위한 것이었고,
하나님의 백성을 위한 것, 즉 하나님을 위한 것이었습니다.
그래서 행인들을 죽이고 노략했고 거짓말도 했습니다.
방법은 좋지 않았습니다만
만일 이루어진다면 확실히 하나님을 위한 일이었습니다.
그런데 그것이 물거품이 되자 다윗은 허탈했습니다.
다윗이 세운 계획을 하나님은 보고만 계시지 않았습니다.
하나님은 다윗에게 또 다시 가르쳐야 할 일이 있으셨는지
다윗이 돌아가는 3일 중에 한 과목을 더하셨습니다.
아직 광야 학교 졸업 자격이 되지 않았는가 봅니다.

3 삼상 30:1-6

초토화된 터전에서

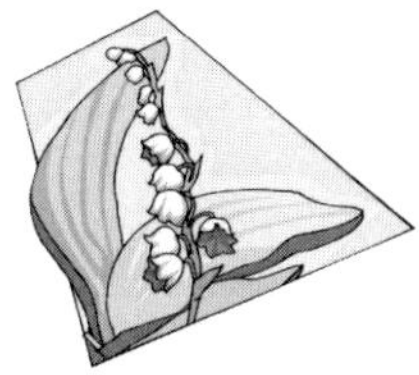

블레셋 장군들에게 쫓겨 실망한 마음을 가지고 가족이 있는 시글락으로 돌아갑니다. 수개월 동안 실제로는 원수 블레셋의 무역상들을 노략하면서 아기스 왕에게는 이스라엘과 가까운 족속들을 노략했다고 거짓말을 하면서 원수 아기스 왕의 신임을 얻어 놓았는데... 이제 전쟁터에만 가면 그동안 속여온 아기스 왕을 단칼에 제거할 수 있는 절호의 찬스를 맞이하게 되었는데... 생각지도 않은 블레셋 장군들로 인해 꿈을 이루지 못하게 되었으니 다윗은 물론 다윗을 믿고 따른 용사들도 다리가 풀리고 어깨에 힘이 빠졌습니다. 말들도 힘이 없어 보였습니다. 노골적이지는 않았습니다만 작전 실패에 대한 책임은 당연히 우두머리인 다윗에게로 향했습니다. 그렇게 사흘을 걸었답니다.

시글락에 가까이 왔을 때입니다. 멀리서 검은 연기가 올라가고 있는 것이 보였습니다. 분명하지는 않지만 큰 불이 난 후 잔해가 타는 연기 모습 같았습니다. 다른 곳일 리는 없고... 시글락 성읍이 분명했습니다. 사흘동안 긴 길을 허탈 속에서 패잔병처럼 돌아오던 다윗과 그의 용사들은 정신이 번쩍 들었습니다. '혹시 시글락에 불이 난 것이 아닌가' 하는 걱정 때문이었습니다. 그곳에는 아이들과 아녀자들, 재산 그리고 그것들을 지킬 소수의 남자만 있었습니다. 흐느적거리면서 갈 수 없었습니다. 다윗은 타고 있던 말의 엉덩이를 채찍으로 힘 있게 때리면서 달리기 시작했습니다. 뒤이어 아비새도 그리고 다른 용사들도 말의 엉덩이를 걷어차면서 시글락을 향해 달려 갔습니다. 수 백 마리의 말 위에 올라탄 용사들이 사력(死力)을 다해 먼지를 일으키며 달려갑니다.

가까이 갈수록 시글락 성에 큰 불이 일어났었음을 확신할 수 있었습니다. 바람과 함께 실려 오는 불탄 냄새는 용사들로 하여금 사태가 심각하다는 것을 예측하게 했습니다. 성 문은 열려 있었습니다. 아니 부서져 있었습니다. 성은 아수라장이었습니다. 사람이 죽은 흔적은 보이지 않았습니다만 사람이 보이질 않았습니다. 짐승도 보이질 않구요.

「다윗과 그의 사람들이 제 삼일에 시글락에 이를 때에 아말렉 사람들이 이미 남방과 시글락 을 침노하였는데 그들이 시글락을 쳐서 불사르고 거기 있는 대소 여인들을 하나도 죽이지 아니하고 다 사로잡아 끌고 자기 길을 갔더라 다윗과 그의 사람들이 성에 이르러 본즉 성이 불탔고 자기들의 아내와 자녀들이 사로잡혔는지라」(:1-3)

노인들 몇몇이 공포에 질린 모습으로 나타났습니다. 자신들의 식구들이라고 확신하였는지 숨어 있다가 나온겁니다. 아이들 몇몇이 숨어 있다가 공포에 질린 얼굴로 뛰쳐나옵니다. 양도 소도 없었고 몇 마리의 개들만 어슬렁거리면서 배회할 뿐입니다. 다윗은 물론 용사들도 자신의 가족을 찾아 보았지만 아무도 보이질 않습니다. 숨었다 나온 아이들과 노인들을 붙잡고 물었습니다. 어찌된 일이냐고. 광야 깡패들에게 기습을 당했다고 합니다. 누군지 어느 족속인지는 모르지만 여인들을 잡아 갔고 양과 염소 그리고 좋은 것을 모두 가지고 가면서 불을 지르고 갔다는 겁니다. 기가 막혔습니다.

용사들은 소리 지르며 이를 갈면서 엉엉 울었습니다. 시글락 성 하늘은 타는 연기와 함께 남자들의 통곡 소리로 진동하고 있었답니다.

「다윗과 그와 함께 한 백성이 울 기력이 없도록 소리를 높여 울었더라」(:4)

울던 사람들... 자신들의 계획이 무력하게 무너진 것 때문에 허탈하여 힘이 없었는데 자신들의 거주지인 시글락이 깡패들에 의해 노략 당하고 아내와 자녀들이 납치된 것을 보니 분노가 일어났습니다. 그리고 그 분노는 다윗의 멍청한 계획과 욕심 때문이라고 다윗에게 화살을 돌렸습니다. 한 사람이 말을 뱉었습니다.

"다윗 때문이야! 다윗을 죽여야 해. 그 놈이 우릴 이렇게 만든 거야!"

그 소리를 들은 또 다른 한 사람도 말했습니다.

"다윗을 죽여! 그 놈 죽이고 우리도 죽고! 그 놈을 죽이자고! 그 놈으로 인해 된 게 뭐냐? 고생만 죽도록 하고 있지 않냐! 그 놈을 죽여야 해!"

「백성이 각기 자녀들을 위하여 마음이 슬퍼서 다윗을 돌로 치자 하니」(:6)

블레셋 아기스와 전투에 나가서 아기스 왕을 죽임으로 멋진 공을 세워보려 했던 용사들이었습니다. 그런데 그 계획이 무산되자 다윗이 한심해 보였습니다. '일 처리를 어떻게 했길래 그동안의 수고를 이처럼 허무하게 만드는가!' 하고 말입니다. 다윗을 향한 원망을 삼키고 사흘 길을 돌아왔는데 이번에는 아내와 가족 그리고 애써서 모은 재산들을 모두 노략꾼들에게 빼앗긴 것입니다. 더구나 사랑하는 아내와 자녀들의 생사조차도 모릅니다. 이런 상황에 이른 것은 앞을 예측 못하고 행동한 지도자 다윗의 책임이라고 모두 생각했습니다. 죽이고 싶을 정도로 다윗이 미웠습니다.

물론 다윗의 마음도 갑작스레 허탈함과 혼란이 찾아왔습니다. 다윗 자신도 계획한 것이 무산되어 화가 나기도 했습니다만 자신을 따르던 사람들에게 실망을 준 것이 미안했습니다. 어쨌든 자신의 블레셋 장군들과의 막바지 처리가 미숙했기 때문이었으니까요. 설상가상으로 시글락이 노략 당한 것을 보니 다른 사람들도 그렇지만 다윗 자신도 화가 치밀었습니다. 자신의 두 아내도 사라졌기 때문입니다. 초토화되고 엉망이 되어 있는 성읍을 보고 다윗 자신도 분해 견딜 수가 없었습니다. 갑작스럽게 일들마다 꼬여들고 있었습니다. 무엇 하나 제대로 되는 일이 없었습니다. 다윗의 마음이 터질 것 같았습니다. 그러나 지도자로서 용사들을 위로하고 저들과 함께 문제를 풀기 위한 마음으로 용사들이 기다리고 있는 성읍 길가로 갔답니다. 그런데 분위기가 삭막합니다. 모두가 얼굴에는 눈물로 범벅이 되어 있었고, 어떤 사람의 손에는 돌이 쥐어져 있었습니다. 다윗은 사태가 심상치 않은 것을 느꼈습니다. 누구도 예외 없이 다윗을 원망하고 다윗 때문이라고 말하고 있는 것이 분명했습니다. 한 사람이 울먹거리면서 한 맺힌 괴성을 질렀습니다.

"다윗, 당신이 우리를 이렇게 만들었소! 당신이 우리를!"

그 사람의 소리뿐만 아니었습니다. 다윗의 눈에 그 사람이, 아니 주위에 많은 사람이 손에 돌을 쥐고 있는 것이 보였습니다. 그 돌은 다윗에 대한 원망을 가지고 그에게 던지기 위하여 사람들의 손에 들려져 있었던 겁니다.

한 사람이 손에 돌을 쥔 채 앉았던 자리에서 일어났습니다. 그 옆에 있던 사람도 일어났구요. 하나 둘 일어나더니 다윗을 향하여 가까이 오는 겁니다. 피할 수 없는 상황이었습니다. 다윗은 불안했습니다. 그는 이야기 좀 들어 보라고 부탁하며 제발 그러지 말라고 애원합니다. 그러나 사람들은 듣기 싫은 눈치였습니다. 아니 아무리 훌륭한 변명을 한다 하더라도 사람들 마음의 문은 이미 닫혀 있었답니다.

다윗을 향한 원망을 이기지 못하고 돌을 집어 든 성난 사람들을 보던 누군가가… 동료에게 맞아 죽을 위기 앞에서 어쩔 줄 몰라 하고 있는 다윗을 보던 누군가가 나섰습니다.

"이제 그만 하자고. 이제 그만 하자고…"

한 사람씩 흩어졌습니다. 손에 쥐고 있던 돌을 저 멀리로 던져 버리면서 흩어졌습니다. 실패한 계획과 가족을 잃은 분노 때문에 흐르는 눈물을 닦으며 깨지고 찢어지고 불타버린 흔적의 터로 터덜터덜 돌아갑니다. 누군가가 다윗의 등을 말없이 두드리고 그도 자기 곳으로 갑니다. 모두가 서글픈 패배의 먼지를 일으키며 돌아갔습니다. 하나님의 도움 같았습니다.

「백성이 각기 자녀들을 위하여 마음이 슬퍼서 다윗을 돌로 치자 하니 다윗이 크게 군급하였으나 그 하나님 여호와를 힘입고 용기를 얻었더라」(:6)

황혼이 밀려옵니다. 다윗도 타다 남은 잿더미 위에 앉아 있었습니다. 아주 조용하게. 재난 속에 묻힌 그의 마음은 하나님 없이 행이 행한 일들의 결과라는 것을 깨닫는 것은 어려운 일이 아니었습니다. 그는 손 하나 까딱거림 없이 앉아 있었습니다. 움직이고 있는 것이 있다면 눈에서 흐르는 눈물뿐이었습니다. 꼭 잡은 손은 흐르는 눈물을 닦기 위해 가끔 움직였을 뿐입니다.

"하나님! 제가 잘못했습니다."

다윗의 눈물에서 나는 소리였습니다.

16개월만에 다윗의 마음을 채우는 하나님이었습니다. 그렇게도 행복했던 16개월... 하나님 없이도 일이 잘 되던 16개월, 거짓이 하나님을 기쁘게 하는 줄 알고 양심의 가책 없이 살던 16개월, 그러나 그 행복은 거짓 행복이었고 그 잘 됨은 완벽한 실패였습니다. 하나님 없는 계획... 하나님 없는 잘 됨... 하나님은 그것이 얼마나 나쁜 것인지를 가르쳐 줄 필요가 있으셨습니다. 광야 학교의 또 다른 수업이 진행되고 있었습니다.

그런데 이상합니다. 하나님을 생각하니 힘이 생기더란 말입니다. 하나님을 생각하니 용기가 생기더란 말입니다. 그 속에서 생명이 힘을 얻고 꿈틀거리더란 말입니다.

「다윗이 크게 군급(窘急)하였으나 그 하나님 여호와를 힘입고 용기를 얻었더라」(:6하)

당신의 계획이 너무 잘되어 가고 있다고 좋아하지 마십시오.
계획대로 다른 사람이 잘 속고 있다고
행복해 하지 마십시오.
하나님이 허락한 계획이어야 합니다.
하나님께서 허락한 계획이라면

잘 되지 않는 것처럼 보인다 하더라도
반드시 아름다운 열매를 가지고 온답니다
하나님이 허락한 계획이 아니라면
잘 되고 형통하는 것 같아 보이지만
반드시 실패할 것입니다.

하나님께서 하시는 일은
악한 불순물들이 섞이지 않습니다.
하나님께서 하시는 일이라면
정직한 방법으로 일이 진행된답니다.
만일 당신이 하는 일이 선한 일(?)이라 하더라도
정직한 방법이 아니라면 하나님의 일이 아닙니다.
그것은 당신의 일입니다.

4 삼상 30:7-10

회복된 영성과 하나님의 일하심

초토화 된 터전에서 만난 하나님으로 인해 다윗은 무엇이 우선순위인지를 배웠습니다. 그리고 어떻게 해야 문제를 풀 수 있을지 발견했습니다. 그것은 아주 단순한 일이었습니다. 하나님을 찾는 일입니다. 제사장 아비아달을 불렀습니다. 그리고 예의를 갖춰 하나님께 기도했답니다.

「다윗이 여호와께 묻자와 가로되 내가 이 군대를 쫓아가면 미치겠나이까?」(:8상)

신앙 회복은 기도 회복입니다.
그리고 말씀 듣는 회복입니다.
일을 잘 하느냐 아니면

멍청하게 하느냐 하는 것과 신앙은 별개입니다.
일의 잘 되고 안 되고의 문제가 아니라
하나님께 묻고 하는 일인가 하는 것이 신앙입니다.
기도는 하나님을 기쁘시게 하는 것이고
하나님으로 하여금 직접 일하시게 하는 것이랍니다.
초토화된 터전에 앉아 어찌해야 하는지를 묻는 다윗...
하나님 보실 때 아름다웠습니다.
우리들은 하나하나를 주님께 아뢰면서 일하는지요?

하나님은 급한 다윗의 심정을 애타게 하지 않고 응답하셨습니다.
「쫓아가라 네가 반드시 미치고 정녕 도로 찾으리라」(:8)

하나님의 기쁨입니다.
기도소리 듣는 것 말입니다.
하나님은 다윗의 목소리를 듣고 너무 좋아 하십니다.
16개월 만에 듣는
사랑하는 다윗의 목소리였기 때문이었을까요?
너무 좋으셔서, 응답, 바로 하셨답니다!
우리 모두 하나님께 기쁨 드려야지요.

다윗이 용사들에게 갔습니다. 지쳐있고 실망 가운데 주저앉아 있는 사람들에게 다가간 겁니다. 미움 받고 있는 줄 알고 있었지만 그렇다고 그대로 있을 수 없었습니다. 다시 설득해야 하겠기에 한 사람씩 만났습니다. 하나님이 주신 말씀이 있기에 용기가 난 겁니다. 그리고 함께 가자고 말했지요. 어느 완고한 사람 앞에서는 무릎을 꿇어서라도 간곡히 부탁했답니다. 설득한 사람들은 모두 600명이었답니다. 그들과 함께 시글락을 불지르고 간 '놈' 들을 찾아 나섰습니다.

하나님의 말씀을 들은 사람의 행동은
갈등도 두려움도 없습니다.
행동할 것에 대한 결과를 알고 있기 때문입니다.
결과를 알고 행동할 때는 피곤하지 않는 법입니다.
어려움도 견딜 수 있고
쓰러질 것 같은 지경,
아니 쓰러진 상태라 하더라도
비록 순간적인 비참함이 있을지 모르지만
내일의 결과를 알고 있기에 행복을 누린답니다.
다윗의 노략꾼들 따라 붙음은
노략꾼들이 누구인지 어디로 갔는지도 모르는 상태이지만
승리를 확실히 알고 가는 믿음의 추적입니다.
하나님으로부터 받은 약속이 있기 때문이었습니다.

하나님으로부터 약속을 받은 사람…
자존심도 버린답니다.
갈등하지도 않습니다.
힘들어하지도 않습니다.

미래의 영광스러움을 품고 있기 때문입니다.
하나님의 음성... 들으세요. 말씀 속에 있어요!
그리고 그 말씀을 가슴 깊은 곳에 품으시고
그 말씀 기억하면서 사세요!
우리의 삶의 태도...
긍정적이고 흥분된 모습이 될 것입니다!

600명의 용사들은 지쳐 있었습니다. 사흘 동안 쉬지 않고 행군했기 때문이기도 합니다. 그러나 힘을 잃은 것은 고된 행군 때문이 아니라 예측 못한 실패와 예측 못한 환란으로 인해 받은 충격 때문이었습 니다. 영적, 정신적인 피곤함이 육체를 피곤하게 만든 거였죠.

600명의 사람들... 다윗을 따랐습니다. 그러나 그 가운데 너무 피곤한 사람들이 있었습니다. 200명... 1/3의 숫자였습니다. 앞서가는 400명의 사람들은 짜증이 났습니다. 뒤처져 힘들어하는 사람들을 보고 화를 내기도 합니다. 어떤 사람은 지쳐서 따라오지 못하는 사람들을 보고 욕을 했습니다. 앞으로 달려 가다보면 멀리서 처진 사람들이 한심하게 따라오고 있기 때문이었습니다.

뒤로 처진 200명의 사람들은 미안했습니다. 그러나 몸이 정말로 따라주지 않는 것을 어떻게 하겠습니까? 200명의 사람들, 지친 사람들입니다. 약한 사람들입니다.

노략꾼을 찾으러 달려가던 중에 브솔이라고 하는 시내를 건너기 직전입니다. 말 위에 버티고 앉아 있기조차도 힘들어하는 사람들에게 다윗이 다가갔습니다. 시냇가에서 쉬면서 몸을 회복하고 있으라네요. 노략꾼들은 아직도 말을 탈 수 있는 사람, 싸울 수 있는 사람들과 함께 가서 잡아오겠답니다.

힘들어하는 사람들에게 돌아올 때까지 편히 쉬라고 하는데 앞에 가던 사람들이 이를 듣고는 불평을 했답니다. 누구는 피곤하지 않아서 이 짓을 하냐고 말입니다. 그런 소리를 들은 쉬어야 하는 사람들은 미안했습니다. 정말 미안했습니다. 다윗도 압니다. 불평하는 사람들의 소리와 미안해하는 사람들을. 그러나 다윗은 미안해하는 사람들을 한번 쳐다보더니 사랑의 미소를 한번 짓고는 다시 말고삐를 잡아 당기면서 400명을 이끌고 브솔 시내를 건너기 시작했습니다. 남아 있는 사람들은 다윗에게 고마워 했습니다. 얼마전에 저렇게 착한 사람을 돌로 때려죽일 생각을 한 것이 미안했답니다.

브솔 시내에 남아 있는 사람들... 빠른 시간에 원수들을 잡아 건강하게 돌아오기만을 바랄 뿐입니다. 간 사람들에게 정말 미안했습니다.

「이에 다윗과 그와 함께 한 육백 명이 가서 브솔 시내에 이르러는 뒤떨어진 자를 거기 머물렀으되 곧 피곤하여 브솔 시내를 건너지 못하는 이백 인을 머

물렀고 다윗은 사백 인을 거느리고 쫓아가니라」(:9-10)

탈진(脫盡)한 사람들이 있습니다.

일부러 꾀를 부리는 것이 아니라

정말 기력이 없어서 더 이상 일을 할 수 없는 사람이 있습니다.

기력이 없는 것은 나쁜 것도 죄악도 아닙니다.

자연 현상 내지는 타고난 약한 체질 때문입니다.

그런데 사람들은 자기와 보조를 같이 하지 못하면

나쁘게 평가합니다.

어느 경우는 나쁜 소문을 내기도 합니다.

그러면 안 됩니다.

강한 사람이 있는가 하면 약한 사람이 있기 마련입니다.

나처럼 강하지 못해 약함으로 인해 지쳐 있는 사람

그래서 아무 것도 못하는 사람을 무시하면 안 됩니다.

이해해 주어야 합니다.

약해서 다른 사람보다 일찍 지치는 사람은

스스로도 그것 때문에 민망해 하고 있기 때문입니다.

따돌리거나 무안을 줄 것이 아니라

이해해 주고 사랑해 주어야 한답니다.

5 삼상 30:11-15
발견된 노략꾼들

노략꾼들이 어떤 족속인지… 노략한 다음 어디로 간 건지 알 수가 없었습니다. 단지 하나님의 인도하심을 믿고 따라 잡을 것이라는 약속만 붙들고 쫓아가고 있을 뿐입니다. 광야를 달리고 있는데 뜨거운 벌판에 한 사람이 쓰러져 있네요.

온 몸은 상처투성이였고 척 보기에도 며칠은 굶은 것 같았습니다. 물을 마신지도 오래 된 것 같았구요. 너무 불쌍해 보였습니다. 다윗의 사람들은 이 사람을 못 본체 할 수 없었습니다. 사람이잖아요. 유다 사람이 아닌 것이 분명했고 차림새를 보니 애굽 사람이 틀림없었습니다. 이스라엘과는 별로 관계가 좋지 않은 족속의 사람입니다. 그런데 불쌍하기에, 그냥 놔두면 목말라 죽든지 아니면 굶어 죽든지 하겠기에, 아니면 무서운 뱀에게 물려 죽거나 광야의 짐승들에게 먹이가 되겠지요. 원수를 쫓는 것도 중요하고 급하지만 이 고통 중에 있는 사람을 데려다가 치료하고 물을 마시게 하고 음식을 먹여야 겠다고 생각한 겁니다. 옳은 일이라는 것을 무시할 수 없었습니다. 우리 사람이냐 아니면 우리 편이 아니냐 하는 것이 중요하지 않습니다. 그 생명이 비참한 고통 속에서 죽어 가느냐 살아야 하느냐 하는 것이 중요합니다.

쓰러진 사람에 대한 동정 때문에 멈춰선 사람들… 누군가가 소리를 질렀습니다.

"야! 저 쓰러진 놈이 누군지 살펴봐라. 죽었냐 살았냐?"

"예, 애굽 놈 같은데요. 아직 목숨은 붙어 있는데 몸에 열이 이만저만이 아닙니다. 그냥 놔두면 죽을 것 같은데요."

쓰러진 사람은 희미한 의식 속에서도 자신을 두고 말하는 사람들이 유다인들임을 알 수 있었습니다. 그러면서 이젠 유다인들에게 죽는구나 하는 생각으로 두려워하고 있었답니다.

"이 놈을 어떻게 할까요?"

"사막 한가운데서 죽어 가는 놈이니 무슨 사연이 있겠지. 그렇다고 그냥 두면 짐승에게 뜯겨 죽을 테니 살려야 하지 않겠냐. 그 놈도 알고 보면 불쌍한 놈인데 다윗 장군에게로 데리고 가라."

"예!"

쓰러져 죽음을 기다리던 사람은 병사들에 의해 다윗 앞으로 옮겨졌답니다.

"다윗 장군, 이 놈을 어떻게 할까요? 우리 갈 길도 바쁜데…"

"그래도 사람 목숨인데 살려야 할 게 아니냐. 물 좀 먹이고 음식을 줘서 기운이나 차리게 한 다음 길을 가게 하게나."

다윗의 군사 하나가 그를 데리고 편한 장소로 갔습니다. 그러더니 시원한 물을 먹이는 거에요. 사흘 동안이나 물 구경도 못했던 이 사람의 목에 물이 흘러 들어가고 있었답니다. 기운이 좀 나는지 소리를 내구요… 돌보던 군사는 음식도 주면서 기운을 차리게 하기 위하여 정성을 다했답니다.

「무리가 들에서 애굽 사람 하나를 만나 다윗에게로 데려다가 떡을 주어 먹게 하며 물을 마시우고 무화과 뭉치에서 뗀 덩이 하나와 건포도 두 송이를 주었으니 그가 낮 사흘, 밤사흘을 떡도 먹지 못하였고 물도 마시지 못하였음이라 그가 먹고 정신을 차리매」(:11-12)

예수님의 말씀 가운데

누가복음에 기록된 사마리아 사람이 생각납니다.

사마리아 사람들은 유다 사람들에게

미움을 받았습니다.

유다 사람들은 사마리아 사람들을 사람으로 취급하지 않았습니다.

사마리아 사람들은
유다 사람들의 괄시에 너무 괴로운 삶을 살았습니다.
'나를 미워하고 무시하는 사람들…'
그런데 유다 사람이 산(山) 속에서 강도를 만나
피를 흘리면서 죽어 가고 있었답니다.
사마리아 사람이 그 사람을 보았습니다.
그냥 놔두면 죽습니다.
아니 비참하게 된 유다 사람을 보고
"그렇게 남을 무시하고 교만하게 굴더니
하나님으로부터 저주받 은 것"이라고 하면서 지나갈 수 있습니다.
그런데 그렇게 하지 않았답니다.
마음속에 견딜 수 없는 불쌍함이 든 겁니다.
그래서 자신이 가던 길을 멈추고
자신의 시간 그리고 물질을 쓰면서
이 사람을 고쳐 주었답니다.
불쌍한 사람을 불쌍하게 여기는 마음,
그 마음에 하나님의 축복이 있습니다.

"젠장… 우리 갈 길도 바쁜데 이런 애굽 놈을 치료하고 있으니… 하기사 그 놈들이 어떤 놈들인지 알고 따라간단 말인가?"

자신을 돌보는 군사의 중얼거림을 듣고 있던 그 애굽 사람이 뭔가가 미심쩍다는 듯이 물었습니다.

"누굴 쫓아가는 중입니까?"

"어! 이 사람 깨어났네. 좀 괜찮아? 야, 난 자네가 죽을 줄 알았지. 어쨌거나 살았으니 다행이로구먼!"

"고맙습니다. 제가 의식은 잃었어도 나리들께서 하시는 말씀은 들을 수 있었습니다. 저 같은 놈을 바쁜 길에서도 멈추시고 구원해 주셨으니 이 은혜를 어떻게 갚아야 할지..."

"갚긴 뭘 갚아, 우린 바쁜 것 같은 데도 하나도 바쁘지 않다네. 어딜 가야 하는지를 모르는 사람들이야. 그 놈의 새끼들 어떤 놈들인지..."

"누굴 찾아나섰습니까?"

"죽일 놈들..."

이야기를 하던 다윗의 병사는 눈물을 글썽거리면서 말을 잇지 못했습니다.

"내 그 놈들을 잡으면..."

"누굴 말하시는 건지요?" 애굽 사람의 물음이었습니다.

"우린 우리 성읍 시글락을 치고 새끼들을 잡아간 놈들을 찾아 나선 거라네. 나서긴 했지만 어떤 족속 놈들인지 어디로 갔는지 알지도 모르고 무작정 따라 나선 거라네. 그러니..."

"그래요? 시글락 성을 노략한 놈들을 찾아 나섰다는 말이죠? 저를 다윗 장군에게 데리고 가십시오. 제가 압니다. 제가 알아요!"

"자네가 어떻게 알아?"

"아무튼 저를 다윗 장군에게로 데리고 가십시오. 장군께 말씀드릴 게 있습니다."

다윗 앞에 애굽 사람을 데리고 왔습니다. 애굽 사람은 다윗의 은혜가 고마운지 감사의 인사를 했답니다.

"자네가 나에게 할 말이 있다고 했나? 시글락을 친 놈들에 대해서 알고 있다고 했나?"

"예, 제가 알고 있습니다. 전 장군께서 아시는 것처럼 애굽 사람입니다요. 얼마 전에 아말렉 사람들에게 잡혔지요. 아말렉 사람은 얼마나 고약한지 저를 개처럼 취급했습니다. 그러더니 며칠 전에 시글락이 비어 있으니 시글락을 칠거라 하면서 노략을 한 겁니다. 물론 시글락만 친 것은 아니고 유다에 속한 지방과 유다와 가깝게 지내는 모든 족속들을 다 쳤습니다. 저도 따라오지 않을 수 없었습니다. 아말렉 놈들이 시글락을 친 겁니다. 완전히 초토화했지요. 짐승도 다 가지고 갔고 여인들도 데리고 갔답니다. 떠나면서는 시글락 성에 불을 놓았지요."

"그런데 넌 왜 광야에 버려졌느냐?" 다윗의 물음이었습니다.

"그 놈들이 날 버렸습니다. 몸이 아프다고 하니깐 죽으라고 매를 때리더니 버려두고 간 겁니다요."

다윗의 얼굴이 상기되어 또 물었습니다.

"그래, 아말렉 놈들이라... 어디로 갔느냐? 네가 그 놈들 간 곳으로 우릴 인도할 수 있겠느냐?"

"물론입니다요. 그런데 다윗 장군! 한 가지만 약속해 주십시오. 제 목숨만은 살려 주십시오. 저도 아말렉이 시글락을 칠 때 못된 짓을 했습니다만 제 의도가 아니었습니다. 그렇게 하지 않으면 아말렉 사람들이 죽일려고 했기에 할 수 없이 그랬던 겁니다. 그러니 절 용서해 주시고 목숨만은 살려 주십시오. 아말렉 사람 죽이실 때에 저를 아말렉 사람 취급하지 말아 주십시오. 약속하신다면 제가 장군을 아말렉 놈들이 간 곳으로 안내해 드리겠습니다요."

「다윗이 그에게 이르되 너는 뉘게 속하였으며 어디로서냐 가로되 나는 애굽 소년이요 아말렉 사람의 종이더니 사흘 전에 병이 들매 주인이 나를 버렸나이다 우리가 그렛 사람의 남방과 유다에 속한 지방과 갈멜 남방을 침노하고 시글락을 불살랐나이다 다윗이 그에게 이르되 네가 나를 그 군대에게로 인도하겠느냐 그가 가로되 당신이 나를 죽이지도 아니하고 내 주인 의 수중에 붙이지도 아니하겠다고 하나님으로 맹세하소서 그리하면 내가 당신을 이 군대에게로 인도하리이다」(:13-15)

우리 편이 아닌 애굽 사람임에도 불구하고
불쌍히 여겨 긍휼을 베푼 것뿐입니다.
그런데 이 사람이 기가 막힌 정보를 가지고 있었습니다.
시글락을 노략하고 불사른 사람들이 누구인지
그들이 어디로 가고 있는지를 알고 있는 사람이었던 겁니다.
그리고 그들이 가는 길로 안내해 줄 수 있는 사람이었답니다.

긍휼을 베푼다는 것,
축복을 줍는 거랍니다.
이 불쌍한 사람이

하나님이 준비해 둔 사람임을 누가 알았겠습니까?

우리 주변에 힘없고 가난하고 무시당하는 사람이 있습니다.

아무도 관심을 두지 않고

오히려 사람들에게

거침이 되는 사람으로 여겨지는 사람이 있습니다.

그러나 그 사람이 당신에게 보내진,

당신의 문제를 해결할

하나님이 보내신 해결사인 줄 어떻게 알 수 있을까요?

다윗은 광야에서 버림받는다는 것이

무엇인지를 잘 알고 있었습니다.

누구에겐가 버림받아 보았기 때문입니다.

그렇기에 버림받은 애굽 사람에 대한 동정이 생긴 것이고

그 동정은 다윗으로 하여금

그를 돌보아 주게 했답니다.

과부 사정은 과부가 안다는 옛말이 있습니다.

버림받아 본 사람만이 버림받은 사람의 심정을 압니다.

다윗의 애굽 사람 돌봄은 낭만적인 감성이 아닙니다.

버림받은 자를 불쌍하게 여김으로

감상하고 있는 것이 아니라는 말입니다.

다윗은 그의 버림받음을 자신의 버림받음으로 느꼈고

그래서 돌보아 준 것입니다.

불쌍한 사람에 대한 호의가 아니라 자신에 대한 행위입니다.

예수님… 버림받으셨습니다.

하늘에서 아버지로부터 버림받으신 분이시랍니다.

그가 십자가에서 고통스러운 것은

양손에 큰 못이 박혔기 때문이 아닙니다.

양발에 대 못이 박혔기 때문이 아닙니다.

그런 아픔은 쉽지는 않지만 견딜 수 있습니다.

그런데 아버지로부터 버림받는 것은

이해할 수도 참을 수도 없는 고통이었습니다.

그래서 그의 십자가의 부르짖음은 이렇게 되어 있습니다.

"엘리 엘리 라마사박다니"

"나의 하나님 나의 하나님 어찌하여 나를 버리시나이까?"

버림받는 고통의 절규 소리입니다.

버림받는다는 것이

얼마나 큰 고통이라는 것을 아시는 주님은

버림받은 저와 우리를 버리시지 않으셨습니다.

당신이 그 고통을 알고 계시기 때문입니다.

버림받은 고통 속에 있으신가요?

사람들은 당신을 버렸을지 모르지만

예수님은 그렇지 않으십니다.

버림받으신 예수님의 소리를 들어보십시오.

「수고하고 무거운 짐진 자들아(버림받아 광야에 던져진 자들아) 다 내게로 오라. 내가 너희를 쉬게 하리라」(마 11:28)

아말렉 사람…

아내를 데리고 가고 자녀를 끌고 간 사람들 말입니다.

시글락 터전을 불바다로 만들어 놓고 재산 모두 가지고 간 놈들이

아말렉 사람들이랍니다.

아말렉 사람…

언제나 속을 썩이는 사람들입니다.

출애굽 할 때부터

이스라엘 백성을 뒤에서 공격하던 못된 족속입니다.

그래서 하나님께서는 사울이 왕이 되었을 때

완전히 진멸 시키라고 명령 하셨답니다.

그 사람들이 이번에는 다윗 공동체를 노략한 겁니다.

남자들이 없는 틈을 타

연약한 여인과 아이들만 있을 때 말입니다.

아말렉은 사울 왕 때 완전히 도말했어야 하는 족속인데…

우리 속에 아말렉 남겨 두지 말자구요.

그 아말렉이 언제 어떻게 우리에게 달려들지 모른답니다.

하나님께서 아말렉을 도말하라고 하신것

절대로 잊지 마세요!

사람들은 자신의 필요에 따라

유익하다고 생각되면 먹이고 입히고 하면서 잘 대해 줍니다.

그런데 도움이 되지 않는다고 생각이 되면 냉정해집니다.

아니 버리지요.

사람들의 관계는

과업 성취 관계와 이해득실의 관계입니다.

아말렉 사람들이 그랬던 겁니다.

애굽 소년이 자신들의 목적 달성에 유익하기에

먹이고 입히고 재워 주곤 했습니다.

그런데 아무런 유익이 없자 그를 때려서 버린거지요.

오늘날도 아말렉 사람과 같이

사람을 대하는 사람들이 얼마나 많은지요.

우린 그런 사람 만나지 말아야 하겠구요

그런 사람… 흉내도 내지 마세요!

성도(聖徒)의 사람 대함은 그래서는 안 됩니다.

성도라면 그럴 수 없습니다.

하나님을 아는 사람은

사람을 필요에 따라 대하지 않는다는 말씀입니다.

사람을 귀하게 대합니다.

우리가 만일 필요에 따라 하나님께 대접을 받는다면

우리는 아무도 하나님께 부름을 받지 못할 것입니다.

하나님은 우리를 필요하기에

부르신 것이 아닙니다.

하나님께 아무런 쓸모도 가치도 없는 존재입니다만

그럼에도 불구하고 우리를 부르신 겁니다.

우리를 불쌍히 여기시고 자비를 베푸신 것이지요.

⑥ 삼상 30:16-20

발견, 회복

다윗과 그의 군사들은 애굽 소년을 앞세워 아말렉 사람들의 뒤를 쫓았습니다. 애굽 소년이 말했습니다.

"다윗 장군, 광야 길이지만 자세히 보시면 짐승들의 발자국을 발견하실 수 있을 것입니다. 이 발자국들이 아말렉 놈들이 지나간 흔적입니다."

"그래. 나도 짐작하고 따라오긴 했다만 네 말을 들으니 확신이 서는구나. 얼마나 쫓아가면 따라 갈 수 있겠냐?"

"아마 멀리 가진 못했을 것입니다. 워낙 탈취한 짐승과 물건들이 많을 뿐더러 부녀자들과 아이들이 있기 때문에 반나절만 부지런히 따라가면 발견할 것 같습니다."

다윗과 군사들은 달렸습니다. 온 힘을 다해 원수 아말렉을 따라 잡기 위해, 그리고 사랑하는 가족들을 되찾기 위해 혼신을 다해 달렸답니다.

저녁이 되었을 즈음에 멀지 않은 곳에서 연기가 나는 모습이 보였습니다. 다윗은 한 사람의 정탐꾼을 보내어 어떤 연기인가를 알아보고 오게 했지요. 정탐꾼은 조심스럽게 다가가 숨어 보았답니다. 짐승들이 많았습니다. 양, 소, 나귀, 말... 사람도 많았는데... 아이들도 있었고 여인들도 있었습니다만 모두가 묶여 있었습니다. 그리고 거친 모습의 사나이들이 움직이고 있었습니다. 저들이 아말렉 사람의 무리라는 것을 추측하는 것은 어렵지 않았습니다. 돌아온 정탐꾼은 아말렉 놈들이 이곳에서 지내기 위해 오늘밤 머무르는 것 같다고 다윗에게 보고했지요. 깊은 밤에 기습할 생각으로 다윗과 군사들은 어두워지기까지 기다렸습니다. 밤이 되어 싸우기 위해 움직이기 시작했습니다. 아말렉놈들은 그날 밤 먹고 마시고 춤추면서 흥이 돋아 난리도 아닙니다. 사람들을 죽이고 빼앗은 것들을 가지고 신나게 놀고 있는 것입니다.

「그가 인도하여 내려가니 그들이 온 땅에 편만하여 블레셋 사람의 땅과 유다 땅에서 크게 탈취하였음을 인하여 먹고 마시며 춤추는지라」(:16)

세상은 수고로 얻은 것을 가지고 행복을 누리기보다
힘들이지 않았더라도 일단 얻었다는 것에 좋아하고 날뜁니다.
옳은 방법으로 얻었느냐는 문제가 되지 않습니다.

얻은 방법의 옳고 그름과는 상관없이
무조건 내 손 안에 들어 왔으면 되는 것입니다.
우리 손 안에 있는 것들 떳떳한 것들인가요?
다른 사람이 우리가 가진 것들이
어떤 방법으로 얻어진 것인지를 알아도 부끄럽지 않은지요?
하나님이 보신다 하더라도 부끄럽지 않은 것들인지요?
남을 짓밟아 얻은 것으로,
이웃의 눈에서 피눈물을 뽑아내면서 얻은 것으로
행복(?)을 누리고 있진 않으시겠죠?

새벽이었습니다. 새벽까지 지켜 보고 있습니다. 아말렉 군사들이 술에 취해 하나씩 하나씩 나가 떨어지는 것이 보입니다. 경계를 서야 하는 놈들까지도 술에 취해 정신을 차리지 못하는 것입니다. 다윗은 무장한 군사들에게 공격하라는 명령을 내렸습니다. 다윗의 군사들은 하나같이 소리를 지르며 퍼져 있는 아말렉 군사들에게 달려들었습니다. 밤새껏 먹고 마시고 춤추면서 넋을 놓고 있는 사람들을 공격하는 것은 어렵지 않았습니다. 아말렉의 군사가 얼마나 많았는지는 몰라도 다윗은 400명의 용사로도 새벽부터 이튿날 저물 때까지 원수를 갚았답니다. 정신이 들어 도망간 아말렉 군사는 겨우 400명 정도에 불과했답니다.

「다윗이 새벽부터 이튿날 저물 때까지 그들을 치매 약대 타고 도망한 소년 사백 명 외에는 피한 사람이 없었더라」(:17)

잃어버린 것을 모두 되찾았습니다. 잃은 것 없이 다 찾았습니다. 그리고 아말렉 사람들이 다른 족속으로부터 빼앗은 것까지도 덤으로 얻었답니다. 잃었던 것과는 비교할 수 없을 만큼 엄청난 양의 소유물을 얻은 것입니다. 그리고 다윗은 물론 모든 형제들이 그들의 가족을 만날 수 있었답니다. 물론 어떤 사람은 자신들의 남편이 브솔 시내에 있기에 만날 수 없었지만 그래도 아말렉 손에서 구원받은 것이 얼마나 기뻤는지요.

「다윗이 아말렉 사람의 취하였던 모든 것을 도로 찾고 그 두 아내를 구원하였고 그들의 탈취하였던 것 곧 무리의 자녀들이나 빼앗겼던 것의 대소를 물론하고 아무것도 잃은 것이 없이 다윗이 도로 찾아왔고 또 양떼와 소 떼를 다 탈취하였더니 무리가 그 가축 앞에 몰고 가며 가로되 이는 다윗의 탈취한 것이라 하였더라」(:18-20)

하나님을 의지하고 믿음으로 행할 때
처음에는 아무 것도 보이지 않을 수 있습니다.
그러나 조금 더 인내하면서 순종하면
손바닥만한 희망이 보이기 시작합니다.
그 작은 것에 실망하지 않고 끝까지 믿음의 길을 가면
마침내 하나님이 준비해 놓으신 해결을 얻게 됩니다.
그리고 덤으로 축복까지 주신답니다.
하나님 없이 열심히 일했더니 돌에 맞아 죽을 뻔했습니다.
그런데 하나님을 의지하고 제사장과 함께 기도했더니
「이는 다윗의 탈취한 것이라」(:20하)는 높임을 받게 되었습니다.

❼ 삼상 30:21-25

새로운 규례

400명의 용사들은 신이 났습니다. 시글락 성읍을 친 원수를 갚았을 뿐만 아니라 잃었던 것을 모두 찾았기 때문입니다. 잃었던 것을 모두 찾고 흥겹게 돌아오는 사람들을 브솔 시냇가에서 남아 쉬고 있던 200명의 용사들이 보았습니다. 오는 사람들의 모습은 개선 장군들 같았습니다. 전혀 지친 모습이 아니라 신이 난 모습들이었습니다. 말 위에는 용사들만 타고 있지 않았습니다. 가족들이 아빠와 함께 그리고 남편과 함께 올라앉아 있었습니다. 그리고 양 옆에는 묵직한 물건들을 달고 있었고 행렬 뒤에는 잃어버린 양이나 소보다도 더 많은 짐승들이 끌려오고 있었습니다. 브솔 시냇가에서 쉬고 있던 사람들은 다윗과 동료 형제들이 원수를 갚고 큰 승리와 함께 돌아오는 것임을 알 수 있었습니다. 너무 반갑고 고마웠지만 한편으로는 미안하기도 했습니다. 동료들이 칼을 들고 싸우고 있을 때 자신들은 쉬고 있었기 때문입니다. 그러나 저들의 승리는 브솔 시냇가에 남아 있는 사람들에게도 기쁨이었답니다. 브솔에 남아있던 형제들은 승리를 가지고 돌아오는 400명의 동료들을 마중 나갔습니다.

「다윗이 이왕에 피곤하여 능히 자기를 따르지 못하므로 브솔 시내에 머물게 한 이백 인에게 오매 그들이 다윗과 그와 함께 한 백성을 영접하러 나온지라 다윗이 그 백성에게 이르러 문안하매」(:21)

그런데 가까이 갈수록 200명의 사람들은 마음에 부담이 생겼습니다. 왜냐하면 자신들의 아내와 아이들은 남편 없는 죄(?)로... 걸어오거나 소외된 모습으로 오고 있는 것이 보였기 때문입니다. 반가움과 미안함, 그리고 섭섭함이 정리가 되지 않은 채로 가슴을 때렸습니다. 어떤 표정으로 식구들을 맞이해야 할지 몰랐습니다.

400명의 동료 용사들 중에 많은 사람들은 마중 나온 200명의 사람들에게 반가운 소식을 전하기도 하고 승리의 이야기를 하기도 했습니다. 고마웠습니다. 가족들의 안전한 복귀로 인해 감사하기도 했습니다. 그런데 몇몇 사람들은 이들의 마음을 무겁게 하는 소리를 합니다. 마치 들으라고 하는 것 같은 식의 이야기였습니다.

"잘들 쉬고 있었겠구먼. 우리는 죽어라고 싸우고 있을 때 말이야. 하여간 자네들이 쉬는 동안 우린 대승을 거뒀어. 이 많은 물건과 짐승을 보게나. 그런데 딴 생각하지 말게나. 처자식이야 어쩔 수 없겠으나 우리가 찾아 온 물건은 하나도 갖지 않는 것이 옳은거야!"

「그들이 우리와 함께 가지 아니하였은즉 우리가 도로 찾은 물건은 무엇이든지 그들에게 주지 말고 각 사람의 처자만 주어서 데리고 떠나가게 하라」(:22)

찾은 물건을 도로 달라고 한 것도 아닙니다. 아무 말도 하지 않았습니다. 그런데 자신들이 싸우러 갔을 때 브솔 시냇가에서 쉬었다는 이유로 하는 말투입니다. 꾀를 부리면서 쉰 것이 아닙니다. 정말 갈 수가 없어서 쉰 건데... 그래서 미안해 하고 있는데... 몸은 냇가에서 쉬고 있었을지 모르지만 함께 가지 못함으로 인해 마음이 얼마나 아팠는지 모릅니다. 그런데 아픈 가슴에 못박는 말이 들려 옵니다.

우리도 이럴 때가 있습니다.
우리와 함께 보조를 맞추지 못하는 사람을 향해서
우리의 생각으로 판단하고 정죄하고 미워할 때가 있습니다.
그리고 들으라고 비아냥거릴 때가 있습니다.
보조를 맞추지 못한 사람은 그런 말을 들으면 상처를 받는답니다.
말... 기분내키는 대로, 함부로 하면 안 됩니다.

그러나 다윗은 다르게 말합니다. 전장에 나간 사람이나 브솔 시냇가에 머무르고 있었던 자나 얻은 물건들을 나눌 때는 똑같이 해야 한다고 말입니다. 왜냐하면 이 물건들은 400명의 능력으로 얻은 것이 아니라 하나님이 주신 것이기 때문이라는 것입니다.

"이보게들. 우린 큰 승리를 얻었네. 그런데 분명한 것은 하나님의 은혜라는거야! 하나님이 우리를 보호하시고 악한 놈들을 붙이신거야. 이 모든 물건도 하나님께서 주신 것임을 잊지 말게나. 그러므로 아말렉을 따라간 자나 여기 남았던 자나 모두 하나님의 은혜 아래 있었던 것이야. 여기 있는 물건을 가지고 내 것 네 것 하면서 다투면 안 되는거야. 똑같이 나눌 것이네!"

「다윗이 가로되 나의 형제들아 여호와께서 우리를 보호하시고 우리를 치러 온 그 군대를 우리 손에 붙이셨은즉 그가 우리에게 주신 것을 너희가 이같이 못하리라 이 일에 누가 너희를 듣겠느냐 전장에 내려갔던 자의 분깃이나 소유물 곁에 머물렀던 자의 분깃이 일반일지니 같이 분배할 것이니라」(:23-24)

우리의 노력으로 무엇을 얻었다고 생각한다면
우리 것 혹은 내 것을 챙겨야지요.
그런데 하나님의 은혜로 얻은 것이라고 생각된다면
함께 나누는 것이 어렵지 않습니다.
이런 면에서 다윗과 일부 사람들의 생각이 전혀 달랐습니다.
다윗은 하나님의 은혜 아래 있음을 알고 있는 것이요
다른 사람은 하나님의 은혜를 잊고 있는 것입니다.
우리의 생활은 어떤가요?

은혜로 살고 있습니까?

아니면 하나님 없이도 이만큼 살 수 있다고 생각하고 있습니까?

은혜 아래 살고 있는 다윗
모두가 은혜 아래 살고 있음을 잊지 않도록 하기 위하여
같이 분배하는 것을 율례와 규례로 삼았답니다.

어거스틴의 「하나님의 도성」이라는 책에 있는 구절입니다.
"사람들은 자신의 삶이 형편없는 것보다
자신의 별장이 없는 것을 훨씬 고통스럽게 여긴다."
마음속에 사람을 사랑하는 마음이 사라졌습니다.
마음이 사막처럼 말라있고, 아니 마르다 못해 갈라져 있습니다.
그런데도 아무런 고통을 느끼지 못하고 사는 사람들이 되었습니다.
그리고 사랑으로 촉촉이 젖어 있는 풍성한 마음을
그리워하지도 목말라하지도 않습니다.
사람들의 마음의 집중은 깨지고 메마른 마음과 삶이 아니라
어거스틴의 말대로 별장(?)을 갖지 못해서
고통스러워하는 데 있습니다.

브솔 시내.
'나는 400명일까? 아니면 200명일까?'
하는 생각을 해 보았습니다.
400명이 훌륭한 일을 했습니다만
나는 분명 200명 중에 한 사람이었을 것이라는 생각이 듭니다.

지쳐서 탈진해 있는 사람일 것입니다.

사람들은 나를 향해

게으르고 꾀를 피운다고 할 수도 있습니다.

그러나 나는 지쳐 탈진해 있는 사람이 틀림 없습니다.

브솔 시내의 탈진한 사람이

다윗의 사랑이 필요했었던 것처럼

틀림없이 브솔 시내의 한 사람인 나도

다윗과 같은 사랑의 예수님이 필요하답니다.

그분은 나에게 왜 지쳐있느냐고 묻지도 않으시고

왜 힘이 없느냐고도 묻지 않으십니다.

그분은 나에게 쉼과 안식을 주실 뿐입니다.

8 삼상 30:26-30
탈취물을 여러 곳에 보내는 다윗

다윗은 시글락에 이르러 아말렉에게서 탈취한 것을 나누어 주변 유다 형제들에게 선물로 보냈습니다. 그 의미는 자신은 비록 블레셋에 붙어서 사는 것 같으나 여전히 유다 사람임을 잊지 말아 달라는 신호였습니다.

「다윗이 시글락에 이르러 탈취물을 그 친구 유다 장로들에게 보내어 가로되 보라 여호와의 원수에게서 탈취한 것을 너희에게 선사하노라 하고」(:26)

유다 형제들... 지난 날 자신을 사울 왕에게 내어준 사람들이지만 그럴만한 이유가 있었겠지 하고 넓은 마음으로 넘어간다는 말입니다. 싸우지 말자는 말입니다.

사람의 마음을 사는 것…
살아가면서 무척이나 중요한 거지요.
나를 좋아하는 사람은 물론이고 나에게 관심이 없는 사람도
나와 함께 지낼 수 있는 사람으로 만든다는 것이
얼마나 중요한지 모릅니다.
더 멋진 것은 나에게 몹쓸 짓(?)을 한 사람에게 다가가
사랑을 베풀어 함께 지낼 수 있는 사람으로 만드는 것이지요.
어떤 사람이라 하더라도
함께 지낼 수 있는 사람으로 만드는 것은
능력 있는 사람이랍니다.

사람을 놓치지 않는 방법…
여러 가지 방법이 있겠죠.
다윗의 방법이 있습니다.
베푸는 겁니다. 주는 거에요.
사람은 작은 것 하나라도 받으면 기분이 달라진답니다.
작은 것 하나라도 받으면 마음이 녹는답니다.
그래요,
말로만이 아닌 베풂으로 사람을 내 사람 만들자구요.
그래서 그 사람에게 예수 전해야지요!

9 삼상 31:1-6

무너진 사울 왕가

다윗과 그의 용사들이 시글락으로 돌아간 후 블레셋의 아기스 왕과 장군들, 용사들은 이스라엘과 전쟁을 치루기 위해서 출정했습니다. 이스라엘도 쳐들어오는 블레셋을 바라만 보고 있을 수 없어서 싸웠습니다만 전쟁은 쉽지 않았습니다. 블레셋의 일방적인 공격을 이스라엘이 온 힘을 다하여 방어하려 했습니다. 그렇지만 역부족이었습니다. 밀리고 밀리다가 길보아 산까지 밀렸답니다.

사울은 안간힘을 다하여 군사들을 지휘했습니다. 힘을 다해 소리도 지르고 말을 탄 채로 칼을 휘두르기도 했습니다. 그러나 그의 나이 80세입니다. 아무리 건강한 체질을 타고났다 하더라도 80세라는 나이를 무시할 수가 없습니다. 옆에서 사울 왕을 보조하는 사람이 있었습니다. 그는 안간힘을 다하여 80세 된 노인을 보호하고 있었습니다. 사울 왕이 휘청거릴 때면 자신의 몸을 날려서 위험의 순간을 벗어나게 했습니다. 그는 휘청거리는 노인이 위험할 때면 큰 소리로 이렇게 불렀습니다. "아버지!"라고... 그는 바로 요나단이었습니다. 휘청거리는 늙은 아버지의 모습이 아들 요나단의 마음을 아프게 했습니다.

블레셋 모든 군사들의 공격 목표는 사울 왕이었습니다. 그것을 알고 있는 요나단은 늙은 아버지를 지키기 위해 온몸을 다해 아버지 옆에서 날아오는 화살과 휘둘려 치는 칼을 막고 있는 겁니다. 혼자 그 많은 화살과 칼을 막기에는 역부족이었습니다. 날아오는 화살을 막아야 하는데... 이제는 더 이상 방패를 들 수가 없었습니다. 벌써 몇 개의 화살들이 요나단의 갑옷을 뚫었기 때문입니다. 그래도 아버지를 보호해야 하겠기에 흐려지는 정신을 가다듬고 흐르는 피를 닦으면서 이리 뛰고 저리 뛰었습니다. 그런데 옆에 있던 동생 아비나답이 더 이상 견딜 수가 없었는지 말 위에서 떨어집니다. 떨어진 동생을 향해 날아오는 화살은 요나단으로서는 어찌할 수가 없었습니다. 아비나답 아우는 포기해야 했습니다. 그러더니 한쪽에서 말기수아의 비명이 들려 옵니다. 적군의 칼에 찔린 것입니다. 피를 흘리며 말 위에서 떨어지는 동생 말기수아를 아버지 사울이 봅니다. 동생 말기수아의 죽음을 보고 뭐라고 한 마디 말하기도 전에 어디선지 화살이 날아와 요나단의 가슴에 박혔습니다. 숨이 꽉 막혔습니다. 박힌 화살을 뽑아보려 했지만 화살촉이 가슴뼈에 걸린 듯 뽑혀지지 않을 뿐 아니라 견딜 수 없는 통증이 가슴을 아려내는 것 같았습니다. 말고삐를 놓쳤습니다. 요란한 싸움 속에 정신을 못 차린 말은 고삐가 놓이자 앞 발을 높이 쳐들더니 주인을 떨어 뜨리고 어디론가 달아나 버렸습니다.

쓰러진 요나단은 아버지 사울이 걱정이 되었습니다. 아버지를 한 번만이라도 보고 싶었습니다. 아버지에게 한 마디라도 하고 싶었습니다. 말위에 있는 사울도 아들 요나단의 죽어 가는 모습을 옆에서 지켜보고 싶었는지 눈을 떼지 못했습니다. 그런데 누군가가 마주 보고 있는 아버지와 아들의 눈과 마음을 급히 떼어놓는 겁니다.

"요나단!"

"아버지!"

서로를 부르는 소리에 대답을 하기도 전에 왕을 보호하는 병사가 사울 왕이 타고 있는 말고삐를 잡아채더니 살육의 장소를 빠져나갔습니다.

「블레셋 사람이 이스라엘을 치매 이스라엘 사람들이 블레셋 사람 앞에서 도망하여 길보아 산에서 엎드러져 죽으니라 블레셋 사람들이 사울과 그 아들들을 쫓아 미쳐서 사울의 아들 요나단과 아비나답과 말기수아를 죽이니라」(:1-2)

얼마쯤 갔을까? 지친 80세의 노인을 잠깐 쉬게 하려고 했는지 머뭇거릴 때입니다. 쓰러진 아들 요나단을 생각하며 괴로워하고 있을 때 입니다. 어디서 화살 하나가 날아와 흐르는 땀과 튄 피로 범벅이 된 늙은 사울 왕의 가슴에 명중했습니다. 그는 조여오는 가슴을 붙잡고 견디다 견디다 못해 말 위에서 떨어져 쓰러지고 말았습니다. 아직 숨이 붙어 있습니다만 고르지 못한 숨소리였습니다. 더 이상 견딜 수가 없었는지 자신을 끌고 나온 병사에게 한 마디 말합니다.

"아가... 네 칼로 나를 찔러라! 내 이스라엘의 왕으로서 어찌 이방인에게 죽었다 하는 소리를 들으랴! 후손들에게 부끄럽지 않겠냐. 그러니 네가 날 죽이거라."

병사는 망설입니다. 죽어가는 노인이지만 자신의 손으로 자신이 모시던 왕을 죽일 수는 없었습니다. 병사는 고통 중에 있는 사울 왕을 보면서 어쩔 줄 몰라 합니다.

"폐하, 힘내십시오! 폐하는 죽지 않으십니다!"

신하가 할 수 있는 최고의 충성스런 말이었습니다.

고통으로 신음하던 사울 왕은 부들부들 떨면서 일어나더니 허리춤에서 자신의 긴 칼을 뽑아 듭니다. 그리고 긴칼의 손잡이를 땅으로, 날카로운 칼끝을 하늘을 향해 들더니... 큰 소리를 지릅니다. 무슨 소리인지 구분할 수 없었습니다. 잠시 전에 블레셋 사람의 활과 칼에 죽은 세 아들의 이름을 부르는 것인지 아니면 자신의 최후를 한탄하는 소리인지 알아들을 수가 없었습니다. 그리고는 그 긴 칼 끝에 엎드러졌습니다. 긴 칼이 갑옷을 헤집고 80세 노인의 탄력 없는 복부의 피부를 뚫더니 등뼈를 자르고 삐쳐 나왔습니다. 그리고 고통과 함께 피범벅이 되어 쓰러졌습니다. 숨이 빨리 멎기를 소원했습니다만 숨이 막힐 뿐 소리를 낼 수 없이 고통스럽습니다.

80세 된 노인, 이스라엘 초대 왕의 마지막 모습입니다. 그는 더 이상 움직일 수도 없었습니다. 살살 부는 바람만이 쓰러진 사울의 피로 얼룩진 흰 머리와 흰 수염을 떨게 하고 있을 뿐입니다. 자신의 왕이 그렇게 죽은 걸 확인한 신하가 자신도 사울 왕의 죽음과 같은 방식으로 자살을 합니다. 칼을 뽑아 땅에 세우더니 그 위에 엎드러지는 겁니다. 왕을 모시던 신하... 왕과 함께 그렇게 죽었답니다.

「사울이 패전하매 활 쏘는 자가 따라 미치니 사울이 그 활 쏘는 자를 인하여 중상한지라 그가 병기 든 자에게 이르되 네 칼을 빼어 나를 찌르라 할례없는 자들이 와서 나를 찌르고 모욕할까 두려워하노라 하나 병기 든 자가 심히 두려워하여 즐겨 행치 아니하는지라 이에 사울이 자기 칼을 취하고 그 위에 엎드러지매 병기 든 자가 사울의 죽음을 보고 자기도 자기 칼 위에 엎드러져 그와 함께 죽으니라」(:3-5)

조용한 들녘입니다. 바람이 불고 있을 뿐 멀리 보이는 길보아 산 등성이에는 아무런 일이 없다는 듯 조용할 뿐입니다. 그러나 바람은 무슨 일인가 하고 피비린내를 모아서 어디론지 사라집니다. 요나단의 흘린 피 냄새도 그리고 그의 동생들의 흘린 피 냄새도... 한 나라의 왕이었던 사울의 피 냄새도... 신하가 흘린 피 냄새도... 모두 모두 모아 가지고 어디론지 사라집니다. 마치 죄악들을 모아 가지고 어디론지 보이지 않는 곳에 버리려는 것 같았습니다.

「사울과 그 세 아들과 병기 든 자와 그의 모든 사람이 다 그 날에 함께 죽었더라」(:6)

사울 왕의 죽음 이후에 관한 것에 대한 궁금함이 큽니다.
그의 죽음이 너무 비참했기 때문입니다.
그는 화려하게 시작한 왕입니다.
그 화려함은 겸손과 그에 따른 기대였습니다.
그런데 그는 기대와는 달리 왕이 되자마자
하나님을 무시하면서 살았습니다.
하나님의 자리에 자신이 대신 앉아 있었습니다.
그는 왕이라는 위치 때문에 옳은 길을 알면서도 가지 않았습니다.
왕좌(王座)는 사울을 정신분열 환자로 만들었고
무당을 찾아가게 하는 정신병자로 만들었습니다.
오히려 왕이 되지 않았더라면 하는 생각이 듭니다.
그러나 우리에게 가장 궁금한 것은
죽음 직후에 하나님 앞에서 어떻게 되었을까 하는 것입니다.
우리는 그 되어질 일에 대하여 어렴풋이 알고 있답니다.
그렇다면 당신과 내가 지금 하나님 앞에 선다면
어떻게 서 있을까요?
어쩌면 나도 당신도 하나님 앞에 서 있을 스스로의 모습을
어렴풋이(?)
알고 있을지도 모릅니다.

⑩ 삼상 31:7-13

은혜를 기억하는 사람들

이스라엘은 블레셋과의 전쟁에서 완전히 패했습니다. 왕만 죽은 것이 아니라 세 명의 왕자까지 모두 죽었습니다. 지난날 이스라엘은 자신들을 위해 싸워 줄 왕으로 사울을 의지했는데 그 사울이 싸움에서 이겨주기는커녕 죽고 만 것입니다. 이렇게 되자 이스라엘 군사들과 백성들은 성읍을 버리고 도망갈 수 밖에요. 그리고 블레셋 사람들이 이스라엘 땅에 들어와 주인 행세를 하기 시작했답니다.

「골짜기 저편에 있는 이스라엘 사람과 요단 건너편에 있는 자들이 이스라엘 사람들의 도망한 것과 사울과 그 아들들의 죽었음을 보고 성읍들을 버리고 도망하매 블레셋 사람들이 이르러 거기 거하니라」(:7)

사울 왕의 죽음으로 더 이상 전쟁은 없습니다. 전쟁이 끝난 다음 날입니다. 블레셋 병사들은 길가에 널린 시체들을 치우기 위해 전쟁터로 나왔습니다. 시체들의 좋은 갑옷 혹은 훌륭한 칼이나 창 그리고 멋진 방패 등을 기념품으로 가져가려고 했지요. 블레셋 병사들은 신나게 전리품들을 주웠습니다. 그러다가 길보아 산에서 왕자들의 진귀품들을 챙겨서 가져가고 왕자들의 시체는 그냥 놔두었습니다. 그러나 사울은 이스라엘의 왕이었이기에 병사들은 그의 머리를 베어 머리 부분을 긴 창 끝에 꽂아 들고 블레셋의 대도시마다 다니면서 이스라엘 왕의 죽음과 블레셋의 승리를 알렸답니다. 사울 왕의 갑옷은 블레셋 땅 아스다롯 산당에 블레셋 승전의 기념물로 두었지요. 블레셋 군사들은 머리 없이 몸뚱이만 있는 사울의 시체를 질질 끌어 가지고 벧산 성벽으로 갔습니다. 그리고 그 시체를 성벽에 매달더니 떨어지지 말라고 못을 박아 모든 사람들이 볼 수 있도록 높이 매달아 놓았습니다.

「그 이튿날 블레셋 사람들이 죽은 자를 벗기러 왔다가 사울과 그 세 아들이 길보아 산에서 죽은 것을 보고 사울의 머리를 베고 그 갑옷을 벗기고 자기들의 신당과 백성에게 전파하기 위하여 그것을 블레셋 사람의 땅 사방에 보내고 그 갑옷은 아스다롯의 집에 두고 그 시체는 벧산 성벽에 못박으매」(:8-10)

죽음으로 끝난 것이 아니었습니다.

사울이라는 '악(惡)'

하나님 자리를 차지하려는 '교만'

자기 이름을 기념하려는 '자기 과시'

이 모든 것이 못 박힌 것입니다.

우리의 죄악 된 성향들이 못 박혀야 합니다.
다시 살아 날 수 없도록 못 박혀야 합니다.
육신의 정욕, 안목의 정욕, 이생의 자랑이 못 박혀야 합니다.
그럴 때, 준비된 새로운 생명이 활동하기 시작합니다.

다윗이라는 생명이 이미 있었습니다.
그러나 사울이 왕으로 살아 있는 한 다윗은 생명임에도 불구하고
활동할 수도 성장할 수도 없었습니다.
새 생명이 활동하고 자라기 위해서는 옛 생명이 죽어야 합니다.
악한 옛 것들이 죽어야 합니다.
당신 안에 있는 옛 것들은 죽었습니까?

사울의 죽음은
사람들에게 이스라엘의 종말처럼 느껴지는 절망이었습니다.
내일이 사라지는 것 같은 죽음이었습니다.
그러나 그렇지 않습니다!
사울이 죽어야
다윗이 일어나기 때문입니다.
사울이 죽으면 당장 모든 것이 끝난 것 같았지만
하나님의 역사의 맥을 이어갈 새로운 시대를 위해
사울을 죽여야 했습니다.

사울 왕의 머리없는 몸뚱아리가 벧산 성벽에 못 박혀있다는 비참한 소식은 온 이스라엘에 삽시간에 퍼져 나갔습니다. 그러나 어느 누구 하나 나서서 이 비참한 광경을 없앨 수 없었습니다. 그것을 못박아 놓은 블레셋 사람들에게 잡혀 죽게 될지도 모르는 두려움 때문이었지요.

그런데 그 날 밤입니다. 사울 왕의 시체가 벧산 성벽에 비참하게 못 박혀 있다는 소식을 듣고 장사(壯士)들이 모여 있었습니다. 길르앗 야베스였습니다. 이들은 한밤중에 시체가 뒹굴고 있고 썩는 냄새가 진동하는 거리로 나섰습니다. 전쟁은 끝났지만 블레셋 사람들은 이스라엘 사람들이 얼씬거리면 죽일 것같이 살벌했습니다. 이런 중에도 길르앗 야베스 사람들은 목숨을 내놓고 벧산 성벽으로 올라갔습니다.

그리고 큰 못에 박혀 있는 머리 없는 사울의 시체를 성벽에서 뜯어내었습니다. 깊고 깜깜한 밤중에 일어난 일입니다. 그 시체를 가지고 길르앗 야베스로 돌아와서 불에 태워 화장(火葬)을 했습니다. 시체가 불에 완전히 타 없어질 때까지 아무도 움직이지 않았습니다. 모두가 숙연하게 불에 타는 왕의 시체를 보았답니다. 그 시체의 냄새를 맡으며 오랜 시간 미동도 없이 지켜보았답니다.

「길르앗 야베스 거민들이 블레셋 사람들의 사울에게 행한 일을 듣고 모든 장사가 일어나 밤새도록 가서 사울과 그 아들들의 시체를 벧산 성벽에서 취하여 가지고 야베스에 돌아와서 거기서 불사르고」(:11-12)

다 타고 재만 날리고 있는데 누군가가 탄 시체의 뼈를 꺼냅니다. 시꺼멓게 된 뼈를 자기 입고 있는 옷으로 문질러 하얀 모습 드러나게 만들구요, 가지런히 옆에 두고 또 다른 쇠꼬챙이로 뼈를 불 속에서 찾아내어 문질렀답니다. 흐르는 눈물로 뼈를 씻었습니다. 그리고 하나하나 정성스럽게 들고 어디론가 갑니다. 그 뒤로 많은 사람이 슬픈 노래 부르며 따라갑니다. 에셀 나무 아래 밝은 곳을 골라 땅을 파고 묻었답니다. 그리고 말했답니다. 이스라엘 초대 왕 사울의 묘라고... 길르앗 야베스 사람들의 사울 왕 모심... 사울 왕에 대한 사랑이었습니다.

40년 전 일입니다. 사울이 왕으로 기름 부음을 받았지만 아직 왕관을 쓰지 않았을 때입니다. 암몬 족속의 장군 나아스가 길르앗 야베스에 군사를 이끌고 와서 협박을 한 일이 있었습니다. 모두 시체가 되든지 아니면 오른쪽 눈을 빼고 자신들의 종이 되든지 둘 중에 하나를 택하라는 것입니다. 사면초가(四面楚歌)에 있던 길르앗 야베스 사람들이었습니다. 그 때 이 소식을 들은 사울이 자신의 소를 열두 토막내어 이스라엘 온 땅에 보내면서 사람들을 모집해 암몬 족속을 쳐 이겼답니다. 그래서 그 때 길르앗 야베스 사람들은 구원을 받은 것입니다. 길르앗 사람들에게 사울은 은인(恩人)이었습니다. 40년 전의 사건입니다.

그런데 그 오래 전의 사건을 잊지 않고 있다가 사울 왕의 죽음의 소식을 듣고 슬퍼하며 시체를 가져와 장사지내 준 겁니다. 뿐만 아니라 왕을 위한 애도로 7일간 금식을 했다고 합니다. 은혜를 잊지 않고 있는 사람들이었습니다.

사람들은 섭섭함은 바위에 새깁니다.
그리고 사랑을 받고 은혜를 받은 것은
물 위에나 모래 위에 새깁니다.
세월이 지나면서 받은 은혜는
작아지고 잊혀지기도 합니다.
반면에 섭섭한 일은 세월이 지나도
잊혀지지도 않을 뿐 아니라
이상하게도 더 굳어진답니다.
이것이 인간의 타락한 속성입니다.
그런 것이 인간인데
길르앗 야베스 사람들은 그렇지 않았습니다.
사울 왕의 소문이 비록 좋지 않았습니다.
그러나 사울 왕에게 받은 은혜를
잊지 않고 있었습니다.
우리도 그래야 합니다.
받은 은혜... 잊으면 안 됩니다.
받은 은혜...
끝까지 기억해야 합니다.

에필로그 _01

교회가 좋았습니다. 어려서부터 교회에서 자랐고 교회에서의 생활에 익숙했습니다. 게다가 할아버지도 부모님도 내가 목사가 되기를 원하신다는 말씀을 많이 하셨고, 나 역시 거부하지 않았습니다. 그렇게 목사가 된 사람입니다.

신학대학 생활… 만족스럽진 않았습니다만 그래도 목사가 되려면 거쳐야 하는 과정이기에 꾹 참고 견뎌냈습니다. 대학원도 다녀야 한다기에 그렇게도 했습니다. 한번은 목사가 하기 싫은 적도 있었습니다. 아니 어려서부터 목사가 안 된다면… 하면서 나름대로 하고 싶은 일을 생각해보기도 했었죠. 꼭 두 가지를 하고 싶었는데 그 중 하나는 정치였습니다. 정치가 뭔지 알아서 그랬던 것 같지는 않습니다. 어린 시절 선생님으로부터 들었던 훌륭한 인물들 중에는 항상 정치가들이 많았기 때문이었겠죠. 하여간 정치를 하고 싶다는 마음은 오래갔고 또 정치가로서 활동하는 제 모습을 그려보기도 했답니다. 하고 싶었던 또다른 일은 자동차를 정비하는 일이랍니다. 이상하지요? 정치와 자동차 정비는 어울리지 않는데 말입니다. 하여간 자동차 밑에 들어가 온몸에 기름때를 묻히며 일하는 모습이 멋있어 보였고 정밀하게 일하는 아저씨가 멋있어 보였답니다. 그런 나의 모습을 그려보기도 했답니다. 그런데 정치가 근처에 가보지도 못했고 자동차 정비사 옆에도 가보지 못했답니다. 그런 것과는 전혀 상관없는 목사가 되었답니다.

신학대학을 졸업했지만 전도사로 사역하지 못했습니다. 제법 오래되고 큰 교회에 출석하였는데 워낙 재주가 없으니 담임 목사님으로부터 전도사로 추천 받지 못했던 것 같습니다. 친구들은 학교 다닐 때부터 전도사로 열심히 일하면서 교회에서 사례금도 받았지만, 제게는 졸업한 후에도 그런 기회가 주어지지 않았답니다. 전도사로 사역하지 못하는 게 억울하진 않았습니다. 단지 걱정거리였을 뿐입니다. 여기엔 이유가 있었습니다.

저는 군목 후보생이었는데 군목으로 가려면 3년 간의 전도사 경력이 필요했습니다. 그런데 그 경력을 쌓을 교회가 없어서 속이 많이 상했답니다. 결국은 어떤 작은 개척 교회에 평신도라고 하면서 목사님을 속이고(?) 다녔습니다. '몇 년 다니고 난 후에 나의 불쌍한(?) 처지를 말씀드리면 목사님도 이해해 주시지 않을까?' 하는 기대로 그런 짓을 했습니다. 그러나 결국 그 교회에서 오래 있질 못했습니다. 2년 있었나 봅니다. 그러고는 교인이 대여섯 가정 정도밖에 안 되는 더 작은 교회로 갔습니다. 그 교회에서는 목사님께 솔직히 말씀드렸습니다. 그랬더니 흔쾌히 도와주시겠다고 하더라구요. 무척 고마웠답니다. 군목으로 갈 수 있는 길이 열렸기 때문입니다. 그렇게 비참한(?) 시간들을 보냈답니다. 신학교 졸업 후 3년을.

군목으로 가는 일은 조금 찜찜했습니다. 첫째는 자신감이 없었고, 둘째는 아직도 사명감이 없었기 때문이었습니다. 친구들은 사명, 사명하면서 의지가 대단한데 난 그렇지가 않았습니다. 솔직히 군목으로 가면 사병으로 가는 것보다 훨씬 편하기 때문에 좋아하고 있었을 뿐입니다. 그러나 편한 건 편한 건데 뭘 해야 하는지 자신이 없었습니다. 그래서 일 년 먼저 군목으로 간 친구를 찾아갔답니다. 그리고는 물었습니다. 어떻게 주일 설교, 수요예배 설교, 심방 설교, 새벽 기도 설교를 다 하느냐고? 그 친구 대답은 걸작이었습니다. 성령님이 능력을 주시면 다 하게 된다고... 난 목사 안수 받으면 정말 그렇게 되는 줄 믿었답니다. 바보같이...

훈련을 받고 군목으로 갔습니다. 중부 전선이었습니다. 중위 계급장 달고 목사랍시고 일을 시작한 겁니다. 괜찮더라구요. 일단은 매달 월급 받는 게 아주 좋았습니다. 그때까지 내 힘으로 돈을 벌어 본 적이 없었습니다. 게다가 군대 교회인데도 군대 월급 말고도 목회 사례비라고 해서 돈을 주었습니다. 참 좋았습니다. 어떤 교회는 군 선교비라고 해서 돈을 보내기도 했습니다. 사실 군대 월급만으로도 괜찮았는데 이래저래 목사랍시고 돈을 주니 고맙기도 하고 미안하기도 하고... 물론 좋은 일에도 많이 썼지요.

교회도 아담해서 좋았구요, 내 개인 사무실이 있다는 것도 좋았답니다. 어느 큰 교회 목사님이 부럽지 않았습니다. 나보다 계급이 높은 사람들도 저를 성직자라 해서 잘 대해 주는 것 또한 특권이었답니다. 그런 것 때문에 '평생을 군목으로 지낼까?' 하는 생각도 여러 번 해보았답니다. 사명 때문이 아니라 편리함 때문에...

설교는 정말 부담스러웠습니다. 설교만 없으면 군목이라는 것 괜찮은 건데... 친구가 목사 안수 받고 군목으로 오면 성령님께서 능력을 주셔서 설교도 뭐도 다 잘하게 된다고 했는데 (정말 그렇게 믿었었답니다) 난 그게 아니었습니다. 두 번째 설교까지는 잘한 것 같았습니다. 그런데 세 번째부터는 할 말이 없었답니다. 그렇게 두꺼운 성경책인데도 제겐 본문 찾는 것도 어렵고 본문을 찾아도 내용을 만들기도 무척이나 어려웠습니다. 제목을 정하는 것조차도 노동이었습니다. 일주일 내내 '어떤 본문을? 어떤 내용을? 어떤 제목을?...' 이런 것들이 큰 고민거리였고 이는 점점 공포의 작업으로 느껴졌습니다. 친구가 말한 성령님이 도와주신다는 건 적어도 나에겐 새빨간 거짓말이었답니다.

그래도 어김없이 찾아오는 게 주일이었습니다. 미칠 것 같았답니다. 그래서 훌륭한 그리고 유명한 목사님들이 펴낸 설교집을 뒤지기 시작했습니다. 신학교 다닐 때 종종 친구들과 나누던 말이 있었습니다. '설교 표절' 이라는 말... 그리고 남의 설교를 표절하는 목사들은 나쁜 놈들이라고 했었답니다. 그런데 이젠 표절, 아니 그대로 베끼지 않으면 죽을 것 같았답니다. 그래서 설교를 베끼기 시작했습니다. 양심은 괴로웠지만 성도들에겐 오히려 잘 된 일이라 생각했답니다. 성도들도 제 (베낀 남의) 설교에 은혜를 받기도 했답니다. 나 역시 내가 작성한 설교인 것처럼 폼을 잡고 설교했구요.

그런데 매 주일 남의 설교를 베끼는 것도 보통 문제가 아니었습니다. 보통 30분가량의 설교 원고를 베끼려니깐 적어도 2~3시간은 족히 걸리는 것은 물론이고 얼마나 힘들고 귀찮았는지... 그래서 아주 쉬운 방법을 찾아냈습니다. 설교집의 한 편을 복사하는 방법이었습니다. 시간도 절약되고 에너지도 절약되서 그렇게 했답니다. 그래서 내 설교(?)는 내용이 그런대로 괜찮다는 소릴 들었답니다.

그런데 한번은 큰 실수를 했습니다. 복사를 잘했어야 하는데 종이를 아낀답시고 앞뒤로 복사하다가 그만 한 페이지를 빼먹고 복사를 한 거지요. 그나마 복사한 걸 한번만이라도 읽고 강단에 올라갔으면 되는데 읽지도 않고 올라간 게 탈이었습니다. 그러니 잘 읽어내려가다가 빠진 부분에 가서는 매우 당황했답니다. 소위 말하는 개망신이라고나 할까요. 설교, 무척이나 어렵더라구요. 이렇게 평생 동안 설교할 생각하니 끔찍했습니다.

그러던 가운데 전방 부대 2년의 근무를 마치고 군 병원으로 옮기게 되었습니다. 병원에서는 별로 할 일이 없었습니다. 일단 병원이 아주 작은 았고 환자들도 많지 않았습니다. 군의관들, 간호사들 또한 그리 바쁘지 않은 병원이었죠. 정말 심심한 근무지였답니다. 그곳의 믿음 좋은 군의관들과 간호사들은 목사가 왔으니 일주일에 한번씩 성경을 공부하자고 했습니다. 자신들도 무료한 시간들을 말씀 배우는 시간으로 채우고 싶다는 겁니다. 나 자신도 뭔가를 해야겠기에 그렇게 하겠다고 대답했습니다.

문제는 무슨 공부를 하느냐는 거였습니다. 사실 나는 목사가 되면 써먹기 위해 이렇다할 성경 공부 과정은 대부분 이수해 놓았었답니다. 소위 말하는 벧엘 공부, 크로스 웨이 공부, CCC 공부, 젠센 공부… 그런데 막상 사람들을 가르치려니 두려웠지요. 준비는 했지만 경험이 없었기 때문이었습니다. 과정을 이수하긴 했는데 내 속에 생명력이 있는 게 아니었거든요. 그야말로 목사라는 직업에 충실하려면 이 정도는 해 놔야겠다는 필요에 의해서 열심히 했을 뿐이었습니다. 하여간 그리 많은 교재가 있는데도 자신이 없었고 문제는 군의관들과 간호사들이 교재가 아닌 성경책으로만 공부를 하자는 거였습니다. 그것도 구약을 말입니다. 구약 중에서도 역사서를.

군병원에서의 성경 공부는 사무엘부터 시작되었습니다. 한나가 기도해서 사무엘을 낳은 이야기부터 시작했습니다. 저는 어려서부터 교회 속에서 자랐기 때문에 성경을 많이 알고 있다고 생각했었습니다. 대부분 교회학교 선생님들에게 들은 이야기였고 집에서 들은 이야기였던 거지요. 그런데 막상 사무엘상을 읽어 가는데 왜 그렇게도 모르는 부분들이 많던지… 대부분을 모르겠더라구요. 아주 적은 부분만을 알면서, 그것도 대충… 성경을 잘 안다는 착각 속에 있었던 나였음을 발견했습니다. 하여간 문제에 부딪친 겁니다. 그 머리 좋은 의사들과 간호사들에게 성경을 가르쳐야 하는데 내 자신이 아는 게 없는 겁니다. 너무 두려웠습니다. 가르치다가 개망신 당할까 봐.

설교도 어려웠지만 (계속 베껴야 했으니까요) 성경을 가르치는 건 더 두려웠답니다. 그래서 내 마음은 엄청난 죄책감과 목회에 대한 공포, 해야 하나 말아야 하나 하는 갈등들이… 쏟아져 내리기 시작한 겁니다. 그러다가 기도를 시작했습니다. 하나님께 물어보고 도움을 구하기로 작정한 겁니다. 남들은 주님의 음성을 듣고 목사가 되었다고 하는데 나에겐 그런 것도 없고 어떤 이는 특별한 사명이 있다고 하면서 용감히 사역을 하는데 나는 사명이란 게 뭔지도 모르고 있고 (물론 남에게 말할 때는 복음을 위한 불타는 사명이 있다고 했습니다만…) 그저 목사가 된 게 어려서부터 되고 싶어서 된 것이고 학교 다닐 때 갈등은 있었지만 군목이라는 편리함 때문에 갈등의 양심을 버리고 목사가 되었을 뿐이었습니다. 그런데 이젠 그게 아닌 겁니다.

성경을 모르고 목회를 한다면 그야말로 사기꾼이라는 생각이 든 겁니다. 평생 남의 설교나 베끼고 남이 만들어 놓은 책으로 성경 공부를 가르치면서 그걸 내 것인 양 큰 소리를 칠 생각을 하니 자신이 얼마나 한심스러웠던지요. 정말 한심한 존재였답니다.

"하나님… 성경이 송이 꿀보다 달다고 하셨죠? 나에겐 송이 꿀이 아니라 정말 재미없는 책입니다. 억지로 읽을 뿐입니다. 무슨 말인지 정말 모르겠습니다. 어떤 사람은 성경을 보면 하나님의 음성을 듣는다고 하는데 난 성경을 보면 졸음만 옵니다. 성경이 당신의 말씀이라고 하셨잖습니까? 나에게도 성경이 재미있음을 알려 주십시오. 그래야 설교를 하든 성경 공부를 하든 목회를 하든 할 게 아닙니까? 제가 2년 간 열심히 읽을 테니 알아서 하십시오." 그런 기도였답니다. 성경을 열심히 읽어도 여전히 무슨 말인지 모르겠고 재미가 없다면 군목을 제대한 후에 목회를 관둘 생각이었습니다.

특별하게 할 일 없는 군 병원의 목회 생활이었기에 성경 보는 일에 목숨을 걸기로 마음먹었습니다. 아침 출근 시간은 8시, 퇴근 시간은 5시, 적어도 하루 6~8시간씩 성경을 파기 시작했습니다. 많은 분량을 읽지 않았습니다. 이해가 되지 않는 부분은 그냥 넘기지 않고 판 겁니다. 이해되지 않으면 주석을 많이 참고했습니다.

정말 많은 도움이 되더군요. 신학교 다닐 땐 숙제하기 위해서만 보던 책들인데… 정말 열심히 성경을 읽었습니다. 지금까지 알고 있던 이야기들이라 하더라도 정말 그런가 하면서 진지하게 확인하면서 읽었답니다. 성경이 졸지에 여러 가지 색깔로 줄도 그어지고 네모도 만들어 지고 혹은 읽다가 깨달은 것을 잊지 않기 위해 옆에다 적어 놓다 보니 지저분해지고 있는 거였습니다. 그렇게 몇 달이 지나는 동안 성경이 재미있어지는 겁니다. 은혜가 되기 이전에 재미있었습니다. 성경을 정말 재미있게 읽고 재미있게 연구하기 시작한 겁니다.

그렇게 2년을 지내는 동안 성경은 어느새 나의 손에서 뗄 수 없는 책이 되고 말았답니다. 아니 내 몸의 한 부분이 되어 있었답니다. 그리고 그 말씀은 제게 생명이 되었던 겁니다. 성경이 하나님의 말씀임이 몸속에서 느껴지고 있었답니다. 언제부터인지는 모르겠습니다만 성경을 읽으면 "그렇습니다!"하는 소리를 연거퍼 내뿜었답니다. 성경을 읽다가 손바닥과 무릎을 치기도 하구요, 너무 기가 막힌 것(내가 모르던 것이겠죠...)을 발견하면 숨이 막혀 더 이상 읽을 수가 없어서 서성거리는 경우가 한두 번이 아니었답니다. 많이 울었습니다. 너무 좋아서 말입니다. 하나님의 은혜가 주렁주렁 발견될 때마다 감동 그 자체였습니다. 시편 기자가 그랬나요? 주의 말씀은 송이 꿀 보다 달다구요? 정말이었습니다.

읽고 깨달은 말씀을 그대로 전해보았습니다. 설교 때든 성경 공부할 때든... 다른 교재가 필요 없었답니다. 성경만을 읽는데도 나는 물론이고 모두들 좋아하는 겁니다. 그래서 신났지요. 성경을 읽어 가면서 그 주인공은 바로 "나"였답니다. 내가 하나님의 지음 받은 사람이고, 내가 타락한 사람이고, 내가 죄로 범벅된 사람이고, 내가 고멜이고, 내가 요나이고... 또한 내가 아브라함이고, 내가 모세이고, 내가 노아이고, 내가 다윗이더라는 거였죠. 내가 밧세바이고, 내가 아모스이고... 내가 느부갓네살이고, 내가 다니엘이고... 내가 베드로이고... 내가 주인공이었습니다. 내가 잘못된 주인공일 때 지켜보고 계시고 기다리시고 찾아와 주시는 주님을 만날 수 있었구요, 내가 잘하는 주인공일 때는 매우 기뻐하시고 좋아하시는 주님을 알 수 있었답니다. 주님의 진하게 흐르는 사랑과 은혜... 그게 성경이었답니다.

세상의 무수한 책들... 기독교 서적이라는 거 말입니다. 전에는 그걸 많이 읽으면 괜찮은 사람처럼 보였었습니다. 기독교 서적을 많이 인용하면 공부를 많이 한 목사처럼 보였었답니다. 서점에 최근 발표된 책이 어떤 것인지를 누구보다도 빨리 알아서 말하는 것이 앞서가는 사람인줄 알았답니다. 그래서 그걸 흉내내기 위해 얼마나 많은 거짓 행위를 했었는지요... 하지만 이젠 해방되었답니다. 많은 책을 읽는 것도 중요하지만 성경 속에서 풍요함을 누리지 못하면 그야말로 모래 위에 집을 짓는 장난에 불과하다는 것을... 성경 속에서의 행복을 모르고 수많은 책을 뒤지는 일만큼 자신을 피곤하게 하는 일이 없을 거라는 것을...

다른 책... 좀 몰라도 되더라구요. 그러나 성경 속에서 춤추지 않으면 말씀을 전하고 나서도 허탈하더라구요. 그런데 성경을 이야기하면 서투른 설교라도 하나님께 감사가 되더라는 겁니다. 기가 막히게 좋은 문구들을 찾는 일도 하지 않기로 했습니다. 알지도 못하는 사람의 이름을 들먹거리면서 마치 많이 공부한 사람처럼 보이는 위선은 떨지 않기로 했습니다. 깊은 생각을 남보다 많이 하는 것처럼 보이는 어려운 표현도 사용하지 않기로 했습니다. 그냥 성경 말씀을 이야기하기로 했습니다.

성경 속의 이야기만 하더라도, 아니 성경만을 이야기할 때 성령의 역사가 가장 확실하게 나타남을 알았기 때문입니다. 성경은 성령께서 쓰신 글이기 때문입니다. 하나님에게는 천년이 하루 같다고 하셨나요? 그래서 표현하고 싶은 말이 있습니다. 성경은 아직 잉크도 마르지 않은 하나님이 보낸 연애편지라고.

군대를 제대하자마자 미국으로 건너왔습니다. 아무런 이유도 없이 미국에 오게 된 겁니다. 몇 달만 미국을 구경하려는 생각이었습니다. 그런데 어쩌다가 십수 년이 지나고 말았습니다. 십수 년... 학교에서 공부하면서도 성경에 대한 재미 때문에 성경만 보게 되더라구요. 사역을 하면서도 성경만 보게 되더라는 겁니다. 그리고 읽은 성경... 늘 그랬던 것처럼 신앙의 형제들과 나누었답니다. 그런데 성경만을 이해하기 위해 주의 깊게 보는데 많은 은혜를 경험하는 게 아니겠어요!

벌써 성경을 통해 주님의 마음을 헤아린 지도 오래되었네요. 지금도 계속하고 있답니다. 물론 주님 부르실 때까지 이 은혜를 계속 유지하려고 합니다. 새벽 기도가 끝나면 잉크도 마르지 않은... 주님의 숨소리가 느껴지는 성경을 펴고 세 시간, 어느 경우는 네 시간, 옮겨 보고 또 옮겨 보다가 이렇게 책이 되었답니다.

그 제목... 이야기 성경? 성경 이야기? 아무래도 매끄럽지 않기에 남침례교신학교(The Southern Baptist Theological Seminary)에서 논문을 쓴 제목이 좋아 보여 그대로 하기로 했답니다. 비블리컬 스토리텔링(The Biblical Storytelling)이라고...

에필로그 _02

목사가 되면 책을 많이 읽고 책을 좋아해야만 하는 줄 알았습니다. 어려서부터 목사는 책을 가까이에 두어야 한다는 선입관을 가지고 있었기 때문에 나도 목사가 되면 그렇게 될 거라고 믿고 있었답니다. 목사님의 집이나 사무실에 가면 여러 권의 책과 책이 한가득 꽂힌 책장을 배경으로 한 목사님의 사진도 볼 수 있었습니다. 그래서 목사님들은 책을 많이 읽는 분들이라는 생각을 자연스럽게 했답니다. 앞으로 나도 목사가 되면 많은 시간을 책과 함께 할 거라고 생각했습니다. 목사님의 집에 진열된 책들은 아주 멋있어 보였습니다. 단행본도 많았지만 특별히 눈에 띄었던 것은 만만치 않은 두께로 같은 디자인에 제목이 다른 여러 질의 전집들이었습니다. 목회를 할 때 꼭 필요한 전집들이라고 생각했답니다. 그래서 나도 목사가 되면 목회에 절대적으로 필요한 전집을 책장 가득히 채우겠다고 생각했습니다.

괜찮은 목사가 되기 위해서 신학교 때부터 기독교 서점에 드나드는 것을 아주 중요한 일 중 하나로 여겼답니다. 나름대로 열심히 책을 사서 날랐습니다. 돈이 있어서 샀던 것도 꼭 읽으려고 샀던 것도 아닙니다. 혹

날 내 사무실과 서재에 꽂아둘 책을 준비하는 거였습니다. 책을 사면서 미래를 그려 보기도 했답니다. 사무실의 사방은 책으로 꽉 채워진 책장이 둘러져 있고 한 켠에 놓여진 나무 책상과 사장님이 앉는 편안한 의자에 앉아 있는 제 모습을 상상하면서 말입니다. (책이 없는 사무실과 목사는 상상해 본 적이 없는 것같습니다.) 어느 경우에는 읽지도 못하는 영어로 된 책도 샀습니다. 소위 원서라고 하는 것들입니다. 영어나 독일어로 된 책을 읽은 수준 높은 목사로 보이고 싶어서였습니다. 열심히 사서 모은 책들이 작은 제 방의 책장에 한 권 한 권 채워져 가는 걸 보면 뿌듯하고 자랑스럽기까지 했습니다. 그렇게 해보지 않은 사람은 그 맛을 모를 겁니다. 책이 늘어나는 만큼 내 지적 수준도 높아진다고 생각하여 그것을 증명이나 하려는 듯 책을 열심히 구입했던 겁니다. 책의 노예가 되어 부지런히 살았던 것 같습니다.

신학대학 다닐 때는 대부분의 친구들이 그랬던 것처럼 돈이 정말 없었던 때입니다. 그런데도 책을 사고자 하는 욕심은 왜 그리 많았는지 모릅니다. 교수님들이 가끔 강의하시다가 밥을 굶어가며 책을 사서 보았다는 얘기를 들으면 왠지 멋있어 보였습니다. 그래서 교수님을 흉내 내며 책을 사기 위해 끼니를 거른 적이 한두 번이 아니었답니다. 그 경험 덕분에 얼마 전까지만 해도 사람들과 이야기할 때 나도 젊었을 때는 책을 사기 위해 굶은 적이 있다고 말하면서 묘한 자부심을 느끼곤 했답니다.

제 사무실은 작습니다. 방이 작기에 몇 권 안 되는 책이지만 제 방은 책으로 꽉 채워져 있답니다. 다른 목사님들보다 상대적으로 적다는 걸 알지만 그래도 제 수준에는 처분하기 곤란할 정도로 많은 책이 꽂혀 있습니다. 그런데 지금은 책이 많아서 행복하기보다는 꽂혀진 책들이 날 비웃고 있다는 생각이 들 때가 있답니다. 여러 권이 꽂혀 있지만 읽은 것은 별로 없거든요. 다 폼으로 꽂혀 있는 것입니다. 그렇다고 완전히 폼만은 아닙니다. 읽긴 읽었습니다마는 어떤 건 서문, 어떤 건 제목, 어떤 건 대충대충 한 10분 안에 읽은 책도 있고, 전혀 읽지 않은 책들도 수두룩하답니다. 정말 신중하게 읽은 책은 거의 없답니다. 전집은 정말이지 폼, 그 자체뿐이었습니다. 그래서 책장에 꽂혀 있는 책들이 부담스럽기까지 했습니다.

가끔 제 방을 방문한 학생들, 청년들 혹은 성도들은 전에 내가 느꼈던 것처럼 '목사님이니까 당연히 책이 많구나' 라고 생각하는 눈치입니다. 그러면서 할 말이 없을 때 혹은 기분이 좋으라고 '목사님은 책이 많으십니다' 라고 말한답니다. 저는 책을 많이 읽은 목사로 인정한다는 말을 듣는 것 같답니다(착각이겠지만). 그런 말을 들을 때면 전에는 우쭐했는데 언제부터인가 부담스러웠습니다. 사실 읽은 책이 아니라 폼으로 꽂혀 있는 책이 대부분이기 때문입니다. 성도들이 생각하는 것처럼 책을 많이 읽은 목사가 결코 아니라는 생각에 괴로웠거든요. 어떤 성도는 존경하는 마음(?)으로 이렇게 말한답니다. "목사님, 책이 무척 많네요. 책이 이렇게 많은 것을 보니 목사님은 공부를 많이 하시는가 봐요. 목사님들은 책을 많이 읽으신다고 하더라구요." 거기까지만 하면 되는데 정말 대답하기 곤란한 질문을 한답니다. "목사님, 이 많은 책들을 다 읽으셨어요?" 미칠 것 같은 질문입니다. 뭐라고 대답해야 좋을지 모르기 때문입니다. 솔직하게 대답하자니 창피하고, 읽었다고 하자니 목사라는 놈이 별거 아닌 일로 거짓말한다는 양심의 가책 때문에 괴로운 겁니다. 또한 책을 많이 읽은 괜찮은 목사로 생각하고 있는 성도를 실망시키고 싶지 않다는 생각도 들기 때문입니다. 사실 그렇게 생각해 주기를 은근히 바라는 마음도 있구요, 그래서 엉거주춤 대답하곤 했답니다. 필요한 건 읽고 읽지 않은 책들도 있다고. 성도는 그렇게 말하는 목사를 겸손하다고 여겨 안 읽은 책도 있다는 말을 대부분은 읽었고 몇 권은 읽지 않았을 거라고 생각하고 점수를 후하게 주었겠지요. 그런 면으로는 성도들에게 무척이나 고맙답니다.

목사님들의 사례비 항목을 보면 반드시 도서비가 있습니다. 아주 중요한 항목입니다. 어느 교회나 꼭 있습니다. (제 개인적 경험으로는 이 도서비 항목이 없는 교회는 본 적이 없습니다.) 교회에서 그런 돈을 책정한 것은 책을 많이 읽고 목회와 설교를 잘 하라는 뜻인 줄 압니다. 교회도 목사는 책을 많이 읽어야 하고, 책을 많이 읽는 사람으로 인정해 주기 때문에 세운 항목이겠죠. 참으로 고마운 항목이랍니다. 저도 받고 있는데 이 항목의 돈이 얼마나 부담스러운지 모릅니다. 왜냐하면 교회에서 정해 놓은 도서비 만큼 책을 사 본 적이 한 번도 없기 때문입니다. 적어도 제게는 말입니다. (혹 이 고백을 읽으시면서 다른 목사님도 그렇다고 생각하시면 오해입니다. 이 글은 제 경우에만 해당하는 겁니다.) 양심에 거리낌이 있어서 교회에서 주는 도서비 항목의 액수만큼 책을 사려고 살만한 책들을 찾아본 적도 여러 번 있었습니다만, 저는 교회에서 주는 도서비 만큼의 책을 산 적이 없답니다. 아니 사고 싶지 않아서가 아니라 사고 싶은 책을 고를 수 없었기 때문이랍니다. 얼마나 많은 도서비를 주었기에 그러냐구요? 얼마 되지는 않는답니다. 서점에서 책을 사긴 합니다만 사실 오래 전부터 한 달에 두 권 정도 사는 게 저의 현실입니다. 서점은 몇 번씩 가지만 꼭 사고 싶은 책을 찾는 것도 어렵고, 게으른 건지 어렵게 골라 아까운 돈 주고 산 책이라 하더라도 제대로 읽는 것도 쉽지 않고...

어떤 목사님이 책을 읽지 않는 목사는 게으르고 목사 자격이 없다고 질책하는데 찔렸습니다. 제가 그런 사람이거든요. 목사는 적어도 하루에 한 권의 책은 읽어야 한답니다. 나는 일 년에 두 권 정독하는 것 같지도 않은데 말입니다. 그 목사님은 책을 많이 읽으시는 분이라고 소문이 난 분입니다. 책을 많이 읽는 목사님에게 어떻게 읽느냐고 물었더니 보통 책을 10분이면 한 권 읽는답니다. 난 미칠 것 같았습니다. 저는 일주일을 읽어도 뭔 뜻인지 몰라 속이 상한 적이 한두 번이 아닌데 책 한 권을 10분만에 읽는답니다. 하기야 저도 그렇게 10분에 한 권 읽을 때가 있긴 있었습니다. 혹시 써 먹을만한 게 걸리지 않을까 해서 위 아래로 훑어가며 넘긴 거지요. 그렇게 본 책들은 허다합니다. 아마 500권은 족히 될 겁니다. 그런데 정말 내 속에 양식이 될 만하게 읽은 책은 소수에 불과하답니다.

일주일 동안만 해도 엄청난 책들이 쏟아져 나옵니다. 기독교 서적만을 봐도 그렇습니다. 목사님들의 소원 가운데 책 한 권 내는 것이 포함되어 있잖아요. 그래서 책을 내는 분들이 무척이나 많답니다. 그런데 슬픈 것은 신간 서적 코너에 올라와 보지도 못하고 보이지 않는 구석에서 폐지로 버려지길 기다리는 책들이 무수하다는 거지요. 저도 책을 썼고 또 쓰고 있지만, 제 책 역시 신간 코너에 올라가 보지도 못하고 없어지는 것이 아닌지...(슬픕니다!) 그렇게 많은 책이 출판되고 있지만 막상 사려고 하면 꼭 읽고 싶은 것을 찾기가 쉽지 않다는 겁니다.

설교하거나 성경을 가르칠 때도 반드시 책을 인용해야 하는 줄 알았던 때가 있었습니다. 긴 설교 중에 한두 번은 어떤 나라, 어떤 사상가, 철학자 혹은 정치가나 성공한 사람의 이름과 그들이 쓴 책의 제목을 말하면서 이런 말을 했다고 해야 하는 줄 알았던 겁니다. (요즘 설교할 때 한두 번은 웃겨야 괜찮은 설교자라는 소리를 듣는 것처럼 말입니다.) 어느 경우는 읽지도 못하고 읽어 본 적도 없는 주간 시사지 타임(The Time)지나 뉴스위크(Newsweek) 혹은 리더스 다이제스트 등의 날짜까지 들먹이면서 설교해야 공부 좀 한 목사라고 느낄 때가 있었던 거지요. 지금 떠올려 보니 얼마나 부질없는 생각을 하면서 살았는지 모릅니다.

왜 그렇게 책에 대한 미련을 가지고 살았나 생각해 보았습니다. 정말 무엇 때문에 나는 많은 책을 소유하고 싶었고, 독서를 많이 하는 목사로 보이고 싶었는가 정직하게 생각해 보았답니다. 대답은 어렵지도 복잡하지도 않고 아주 단순했습니다. 열등감 때문이었지요. 제 가장 밑바닥은 열등감으로 가득한 겁니다. 그래서 쌓여 있는 책들로 하여금 저를 사람들에게 공부하는 목사, 실력 있는 목사로 세뇌 시키면서 은연 중에 무시하지 말라는 메시지를 전한 겁니다. 내 속에 있는 열등감이 나를 속이면서 책과의 관계를 이상하게 만들었답니다.

또 하나는 (하나님께 무척이나 죄송합니다만) 내 속 깊은 곳에서 성경을 우습게 여기고 있었다는 고백입니다. 성경이 하나님의 말씀이라고 말하면서도 정작 설교하는 나는 성경을 우습게 여겼던 거지요. 성경 가운데 구원의 도리, 삶의 지혜와 지침이 완벽하게 있다고 외치면서도, 성경은 성령의 감동으로 쓰여진 책이기에 심장과 폐부를 찔러 쪼개는 능력이 있다고 말하면서도 나는 성경보다 더 영향력 있을 것 같은 유명한 사람이 쓴 책을 뒤지고 있었던 겁니다. 성경을 역사와 인생에 있어서 가장 훌륭한 책, 능력 있는 책이라고 하면서도 내 속 사람은 믿지 않았던 겁니다. 그래서 유명한 사람을 찾았고 그 유명한 사람의 책을 뒤졌고 알지도 못하는 사람의 멋진 글을 강단에서 인용하는 걸 자랑스럽게 생각했던 겁니다.

성경이 답이라고 말은 했지만 정작 나는 삶의 답을 엉뚱한 책에서 찾고 있었던 겁니다. 내가 하는 일 목회에 관한 것도 유명한(?) 사람이 쓴 책에 있는 줄 알고 책을 의지했던 거지요. 한 마디로 성경을 무시했던 겁니다.

책으로부터 많은 걸 배우기 때문에 독서는 귀한 일입니다. 그러나 책이 전부가 아닙니다. 책은 진리도 아닙니다. 책과의 관계 속에서 초라한 나의 모습을 본 후에 책을 많이 읽은 목사가 괜찮은 목사라는 이상한 관계(?)가 이제 깨졌답니다. 다독(多讀)이 바람직하지만 필수는 아니라는 걸 배웠답니다. 또한 그것으로 목사의 수준이 평가될 거라는 생각은 정말 크게 잘못된 것임을 깨달았습니다. 목사는 반드시 책과 가까운 사람이라는 인식을 지워버리려고 합니다. 난 정말 책을 읽지 않는 사람이거든요. 아니 읽어도 저자가 하는 말을 잘 모를 때가 많습니다. 다시 말하면 책을 읽지 않는 게 아니라 읽을 줄 모르는 사람이라는 걸 발견한 겁니다.

저는 파스칼을 모릅니다. 그가 쓴 「팡세」(번역본)라는 너무 두꺼워서 읽기도 전에 질려 서문을 읽다가 무슨 말인지 몰라 내팽개쳤답니다. 톨스토이의 작품은 기독교를 이해하는 데 절대적으로 필요한 문학이고 철학이라고 하더라구요. 그래서 유명하다는 그의 「부활」이라는 작품을 읽기 시작했는데 도무지 무슨 말인지 이해하지 못해 읽기를 중단했답니다. 하이데거라는 철학자, 키엘케고르, 헤겔, 니이체 등. '니이체' 라는 말이 나왔으니 웃긴 일이 생각납니다. 니이체는 「짜라투스트라는 이렇게 말했다」라고 하는 책에서 "신은 죽었다"고 했답니다. 설교 시간에 목사님들의 설교를 통해서 종종 들은 글귀였습니다. 그래서 저도 가끔 (오래 전입니다만) 그 말을 인용하면서 유신론을 무너뜨리려는 사람들을 공격했고 또 그런 말을 한 니이체를 무척이나 나쁜 사람으로 말하곤 했었답니다. 물론 그 책을 다 읽은 수준 높은 사람처럼 말입니다. 사실은 그 책이 어떻게 생겼나 해서 서점에 들러 구경한 적 밖에는 없습니다. 정말 두껍더라구요. 그 책을 본 순간 이런 두꺼운 책을 읽은 사람이 몇이나 될까 생각했답니다. 하여간 니이체가 신이 죽었다고 하는 말을 왜 했을까 해서 물어보기도 하고 책을 뒤져 보았지만 아는 사람도 없고 책 속에서도 찾지 못했답니다. 결국은 한참 후에 누군가가 알려 주더군요. 책 속에 짜라투스트라가 누군가와 이야기하다가 신경질이 난 김에 그런 말을 내뱉은 거였다고... 그러나 전해준 사람의 말이 사실인지도 아직 확인되지 않았답니다.

리더십, 성공의 비결, 인생에 관한 것, 시집(詩集), 부부관계, 경영학, 건강에 관한 것, 소설, 철학 이야기... 별별 주제의 많은 책이 시중에 나와 있답니다. 다양하게 많이 읽어야겠다는 생각을 포기하니 마음이 왜 이리 편한지 모르겠습니다. 책 많이 읽지 않으렵니다. 물 흐르는 대로 읽게 되면 읽겠습니다만, 안 읽으면 뒤쳐진다는 말로 사람을 주눅들게 하는 말에는 신경을 곤두세우지 않기로 했습니다. 많이 읽어도 기억에 남는 게 없구요, 사실 무슨 말인지도 모른답니다. 아는 척하고 싶은 교만한 마음만 꿈틀거린답니다. 남들은 인생에 도움이 된다고 하는데 제겐 그런 것 같지도 않구요...

성경도 제대로 모르면서 책을 동서남북으로 둘러 채워둔다는 게 우습잖아요. 성경도 제대로 알지도 못하면서 이해하지도 못하는 글귀와 사람 이름을 대면서 지식인인 체 하는 게 우습잖아요. 그래서 성경이라도 제대로 보기로 결심한 겁니다. 목사가 성경을 모르니 일반 성도들은 더 모를 수 있다는 생각이 들었습니다. 그래서 한 평생 성경을 깊게 공부해 보기로 했답니다. 읽다가 정 모르겠으면 주석을 뒤져서라도 이해하려고 했습니다. 주석은 성경을 이해하는 데 큰 도움이 되었습니다. 그 과정 속에서 마침내 지식인이라는 허울 좋은 취급만을 받기 위해서가 아니라 성경의 이해를 돕기 위해 책을 보아야 목사로서 사는 인생이 행복하다는 것을 터득하게 되었습니다.

성경을 알기 위해 마음먹고 공부하니 자유로워지더라는 겁니다. 설교할 때도 성경을 이야기하니 마음이 편해지구요. 내 말은 물론 어떤 훌륭한 사람의 말도 아닌 하나님의 말씀을 전하니 위험하지도 않고 미안하지도 않은 겁니다. 누가 무식하다고 말할지는 모르겠지만 그게 속 편하고 자신감도 생겼습니다. 사실 교회 오는 사람들이 얼마나 다양한지 모릅니다. 자기 분야에서는 그런대로 지식이 있고 까딱 잘못 말했다간 어느 누구에게 무식하다는 말을 들을지도 모르잖아요. 그러나 대부분 사람들은 성경을 잘 모른답니다. 혹 알고 있더라도 자신보다는 목사님이 더 잘 알거라고 생각하지요. 그래서 교회에서 목사로부터 성경 이야기를 듣는 것을 당연하게 생각하기에 성경을 말할 때는 누구도 시비를 걸지 못하지요.

성경을 말하는 사람으로 살고 싶습니다. 제 직업이 목사인데 목사는 성경을 말하는 사람이기 때문입니다. 다른 거 모른다고 주께서 뭐라고 안 하실 겁니다. 그런데 성경을 모르면서 목회 한다면 목사로 부르신 주님이 얼마나 한심하게 생각하실까 하는 생각이 드네요. 아니 성도들도 성경을 모르는 목사라는 걸 안다면 얼마나 비웃을까 하는 생각이 듭니다. 성경을 모르면 주님에게도 성도에게도 찬 밥 신세라는 걸 깨달았답니다.

성경만을 살아계신 하나님의 말씀으로 증거하려고 열심을 냅니다만 왜 그리 성경을 모르고 있는지요. 성경이 왜 그리 어려운지 모르겠습니다. 정말 어려운 수학 문제보다 더 어려운 게 성경이라는 걸 알아갈 뿐입니다. 그런 수준으로 목회를 하는 제 모습이 한심하고 답답할 뿐입니다. 성경 공부 열심히 하겠다고 다짐하고 노력하며 지낸 햇수도 제법 오래 된 것 같은데 책상에 앉으면 지금 막 시작한 사람처럼 모르고 있는 것이 너무 많다는 느낌뿐이니 미칠 것 같습니다. 주님이 부르실 그 날이 성큼성큼 다가오고 있는데 성경을 이렇게도 모르고 주님께 갈 거라고 생각하니 숨이 막히는 것 같습니다.

성경 안에 모든 진리가 있다고 말하는 목사가 아니라 성경 안에 진리가 있음을 인정하는 목사이고 싶습니다. 성경 안에 진리가 있음을 알고 믿고 실천하는 목사이고 싶습니다. 목회자 사이에서도 많은 책을 가지고 있다든지 책을 많이 읽은 목사가 괜찮은 목사라고 인정을 받는 것보다는, 성경을 구석구석 잘 알고 성경을 정말 사랑하며 성경의 의미를 잘 전달하는 목사가 진정 괜찮은 목사라는 평가를 받으면 좋겠습니다. 법관이 육법(六法)전서를 구석구석 잘 알고 있는 것처럼, 자동차 정비공이 자동차에 대해선 빠삭하게 잘 알고 있는 것처럼, 군인이 군사지식에는 정통한 것처럼... 목사님들은 성경 66권 어디라도 구석구석 잘 알고 있는 분들이면 정말 좋겠습니다.

오늘도 그것 때문에 몸부림쳐 봅니다. 하나님이 도와주시길 바라면서 말입니다.